ARCHIVES DES LETTRES MODERNES

195

NICOLE CELEYRETTE-PIETRI

« Agathe »

ou

« Le Manuscrit trouvé dans une cervelle » de Valéry

genèse et exégèse
d'un conte de l'entendement

ARCHIVES

n° 4

PARIS — LETTRES MODERNES — 1981

SIGLES ET ABRÉVIATIONS

conformes à ceux utilisés dans la Série *Paul Valéry* de *La Revue des lettres modernes*.

[Œ,] I   *Œuvres.* I (Paris, Gallimard, « Bibl. de la Pléiade », 1975)

[Œ,] II   *Œuvres.* II (Paris, Gallimard, « Bibl. de la Pléiade », 1970)

C, I   *Cahiers* (fac-similé intégral, t. I à XXIX) (Paris, C.N.R.S., 1957—1962)

Corr.GV   GIDE (André) et Paul VALÉRY, *Correspondance (1890—1942)* (Paris, Gallimard, 1955)

Corr.VF   FOURMENT (Gustave) et Paul VALÉRY, *Correspondance (1887—1933)* (Paris, Gallimard, 1957)

Toute citation formellement textuelle se présente soit hors texte, en petit caractère romain, soit dans le corps du texte en *italique* entre guillemets, les soulignés du texte d'origine étant rendus par l'alternance romain/italique ; mais seuls les mots en PETITES CAPITALES y sont soulignés par l'auteur de l'étude. Le signe * atteste l'écart typographique (*italiques* isolées du contexte, PETITES CAPITALES propres au texte cité, interférences de sigles) ou donne la redistribution |entre deux barres verticales| d'un état de texte non typographiquement avéré (calligrammes, rébus, montage...).

À l'intérieur d'un même paragraphe, les séries continues de références à un même texte sont allégées du sigle commun initial et réduites à la seule pagination ; par ailleurs les références consécutives à une même page ne sont pas répétées à l'intérieur de ce paragraphe.

Les références à « Agathe » sont données en fonction des séquences du texte matérialisées par une ligne de blanc et numérotées de 1 à 11 (*AG* 1,...). Les références au folio du manuscrit (fº 1...) sont données d'après le dossier des manuscrits, notes et brouillons d'« Agathe », conservé au Département des Manuscrits de la Bibliothèque Nationale. Nous renverrons également au dossier de *La Jeune Parque* (*JP*ms), au dossier *Charmes* (*Ch*ms), et de l'*Album de vers anciens* (*AV*ms), des « Histoires brisées » (*HB*ms) et de « *Narcisse* » (*N*ms).

Nos citations font exceptionnellement état des variantes et ajouts, décrits selon le Code de description critique génétique en usage aux Lettres Modernes, et dont on trouvera un abrégé dans F. DE LUSSY, *La Genèse de de La Jeune Parque* (Paris, Lettres Modernes, 1975), p. 11. Nous présentons ces passages en petits caractères hors texte.

Par commodité, nous donnons sans accents les mots grecs que Valéry accentue de façon aléatoire et parfois défectueuse.

Nous appelons « Le Manuscrit trouvé dans une cervelle » le texte inachevé dont le dossier est le projet, que nous distinguons du texte (de publication posthume) « Agathe ».

Édition de référence : « Agathe », in *La Jeune Parque et poèmes en prose*, éd. présentée par Jean LEVAILLANT (Paris, Gallimard, « Poésie », 1974).

ÂD	« L'Âme et la danse »	[II]
AV	*Album de vers anciens*	[I]
FN	« Fragments du Narcisse »	[I]
HB	« Histoires brisées »	[II]
JP	*La Jeune Parque*	[I]
LV	« Introduction à la méthode de Léonard de Vinci »	[I]
MF	« "Mon Faust" »	[II]
MT	*Monsieur Teste*	[II]
ND	« Note et digression »	[II]
NP	« Narcisse parle »	[I]
PA	*Pièces sur l'art*	[II]
*VJ*ms	Dossier des vers de jeunesse (années 1897—1900) conservé au Département des Manuscrits de la Bibliothèque Nationale.
PV1...	*Paul Valéry 1*, etc. (fascicules de *La Revue des lettres modernes*)

3

*« Tant de choses — c'est bon — Tant de
choses je contiens et j'ai compris — c'est
bon ! »*
(C, I, 228)

A comme A B C, AΓ [AΓΓEΛOS?], Alpha, ou Alpha de
la Lyre —, *A* comme Ambroise, Âme, Ange, Apparition,
comme *Analysis situs, Arithmetica universalis,* Astre
ou *Athikté* : AGATHE. Ou encore *A* comme « An Abstract
Tale » (*C*, XXI, 70), Conte Abstrait de l'Anagogê[1], essai d'un
De Anima[2].

Soit A notion générale et a_1 a_2 ... a_p faits particuliers dont A
est l'invariant (*C*, I, 867)
Περι της ψυχης [...] **Sit ergo Anima A.** (*C*, VII, 795)

Agathê. Agathe aux avatars étranges, aux secrets si clairs
qu'ils sont éblouissants, masquée d'un excès de lumière :
dormeuse disparue, qui laissa un prénom à la fille de chair,
Anne Agathe, comme pour désigner tout en la laissant vide
la place de la seule œuvre d'esprit dont la paternité eût pu
être assumée[3]. Abandonnée à la publication posthume, dépos-
sédée dans les brouillons de ce titre initial qui était un nom[4],
l'« Agathe » inachevée peut rejoindre les rêves éternels d'une
Alchimie verbale : « Le Manuscrit trouvé dans une cervelle »
met à sa place le simple geste d'une main qui écrit pour
jeter une bouteille à la mer. Veut-elle dire que la *bonne*

chose, le bien — *to agathon* — que le désir recherche est à jamais absent ? Ou qu'on ne choisit pas impunément les voies de l'abstraction et le renoncement à l'incarnation ? À ces questions et à d'autres l'étude de genèse tentera de répondre.

Genèse et exégèse : l'un ici ne va pas sans l'autre. « Agathe », texte hermétique et beau, est le miracle d'une forme qui est aussi forme du sens. Elle rêva d'enfermer tout dans la plus claire concision. Ce conte abstrait est un poème si l'on dénomme poésie ce dont aucun mot ne peut être enlevé, *écrit*, *« tellement que l'écrit ne puisse pas être résumé » (*C*, VII, 796). Il s'est dit aussi longuement un calcul à traiter *more geometrico*. L'ambition, sans doute excessive, est visible dans le dossier et le contexte : ce qui dut s'appeler « Le Manuscrit trouvé dans une cervelle » songea d'être l'œuvre du *« merveilleux cerveau toujours en éveil » (XXII, 489), construisant en toute lucidité sa propre représentation scripturale, agençant méthodiquement ses possibles dénombrés, composant fantasmes et catégories, images et concepts, sensations et signes. L'absence de fin seule — cette fin qui donne à l'éditeur un manuscrit signé — révèle la défaillance d'un Scriptor dont le projet fut d'aller, dans l'art et l'esprit, jusqu'au bout. « Agathe » voulut être un corps presque parfait de l'écriture, le plus beau possible sinon simplement le plus beau, *callistos* : quelque icosaèdre ou dodécaèdre de mots.

L'esprit qui parfois prit pour devise *subsumer* veut englober les antérieures créations de la pensée. L'affleurement constant de l'allusion culturelle, explicite d'abord dans les premières notes puis estompée, signale la présence lucide et le travail lent et délibéré. Tout s'écrit dans un usage qu'il faut reconstituer : ici, la culture, autre que la nôtre, de la fin du XIXe siècle, où règnent les grands lieux de la philo-

6

sophie classique, où la tradition religieuse n'est pas loin, où entre en scène la science moderne. Vaste intertexte, qui fut parfois source ou pré-texte. « Agathe » n'est pas l'aérolithe chu d'une autre planète, mais le diamant lentement dégagé d'un bloc massif qu'on pourrait idéalement refermer sur sa compacité première. On pourrait aussi choisir de *séparer* le texte et ses préparatifs propres de l'immense écriture de travail qui déborde largement le dossier. Le choix fait ici est autre. On n'analysera qu'en vue de réunir ou d'inviter à réunir mieux encore la gangue abstraite et le conte, que l'acte même du Scriptor n'a pu dissocier. La non-publication, comme c'est aussi le cas pour « *L'Ange* » et l'*Alphabet*, prend une valeur didactique. Elle dit autrement ce que les *Cahiers* disent : l'excellence, la perfection de *ce qui n'a pas été fait*. L'écriture de travail ici parle au texte comme l'esprit à l'idée : tu es un des possibles de mon possible, un produit singulier d'une matrice qui en eût pu porter mille autres, et ne se reconnaît que dans son pouvoir. Replaçons donc autour d'« Agathe » la masse des notes abstraites dont peu à peu le « Manuscrit » se dégagea ; reprenons classiquement en compte les échafaudages enlevés au fur et à mesure que l'édifice se construit, même si, on le pense, le texte nu peut livrer à qui le « déferait » avec méthode l'entier réseau de ses secrets.

Contrainte par la rigueur du document, la lecture génétique est aussi une facilité. Les brouillons sont bavards ; ils annoncent, commentent, explicitent : ici peut-être beaucoup plus qu'ailleurs. Ils montrent comment la trouvaille naît parfois d'une ultime correction. « [...] *et avec le reste de ma vigueur, je tremble* » (*AG* 3), s'écrit longtemps platement : « *et avec le reste de ma vigueur, je pense* » (*Ch*ms, fᵒ 117). Au fil des pages raturées, on voit se faire l'écriture « lipographique » qui *laisse de côté* tout ce qui peut être enlevé.

« Rien que du maigre », disait par boutade l'écrivain de son style. Rien n'est plus sensible ici que l'effort vers la *Prose Limite*, tendant à se décanter jusqu'à l'ultime résidu — page ou phrase ? — disant tout ce que l'on peut dire et rien de plus. Gloser sur un texte qui est aussi simplement beau ne va pas sans sacrilège. La lourdeur de l'érudition peut déplaire à l'amateur de poèmes ; mais elle montre *a contrario* le miracle de l'écriture négative qui progresse par suppressions. Le dossier est rempli de traces érudites. Elles aident à faire le chemin qui conduit de la « *sainte du sommeil* » (fº 155) à l'algèbre et du rêve à l'entendement. Face aux prestiges de l'image, le document rappelle que Valéry travailla longtemps et ne renia jamais un strict canevas formel. Calcul qui se poursuit ou croissance programmée, l'évolution du texte eut lieu sans nul brutal point de rupture. Il faut tenter d'en comprendre le mouvement. Psychologiques, philosophiques, formelles, scientifiques, fantasmatiques, les données qui constituent l'écriture se tressent avec une cohérence qui peut masquer leur complexité. Respecter cette multiplicité essentielle est l'intention fondamentale de l'approche ici proposée. Elle nous conduira à une lecture à plusieurs niveaux, à la découverte d'une polyphonie sous l'apparente monodie. Si, comme l'a répété Valéry, toute « genèse » est hypothèse de critique, celle-ci sera d'autant plus satisfaisante qu'elle intègre un plus grand nombre d'éléments, et à la limite sature le champ entier de la recherche. La règle est de n'éluder nul problème, de ne rien exclure dans les matériaux d'un chantier qu'il faut même élargir au besoin. Le but est de construire une solution plausible où sainte Agathe et les lois de séries, le rêve, l'attention et la structure de l'entendement trouvent leur concertation. Le texte, totalisant, y invite assez. Le martyrologe, l'art, l'*Arithmetica universalis*, les spéculations sur l'origine de la connaissance, l'abstrac-

8

tion et la métaphore ont composé le mélange dont l'Alchimiste-Scriptor espéra tirer l'œuvre pure. Valéry a d'emblée invité la critique à l'abandon de cette « *coquetterie réciproque qui fait taire, jusqu'à les trop bien cacher, les origines d'un ouvrage* » (I, 1157). Par là entre autres il voulut différer : « [...] *bien que fort peu d'auteurs aient le courage de dire comment ils ont formé leur œuvre, je crois qu'il n'y en a pas beaucoup plus qui se soient risqués à le savoir.* » « Le Manuscrit trouvé dans une cervelle » a, on le croit, sans cesse assumé ce risque ; sans oublier pour autant la loi de « l'effet » : *« [...] une œuvre a pour objet secret de faire imaginer une génération d'elle-même, aussi peu véritable que possible.* » [5].

MARTYROLOGE

« *Dis-moi, ton cœur, parfois, s'envole-t-il, Agathe,*
Loin du noir Océan de l'immonde cité,
Vers un autre océan où la Splendeur éclate,
Bleu, clair, profond, ainsi que la virginité ? »
(BAUDELAIRE, « *Maesta et errabunda* », *Spleen et Idéal*)

Agatha fut le nom d'abord tu d'un fantasme : une martyre, éblouissante sur un fond noir, où l'inquiétante fascination mortelle de certains tableaux de Zurbaran[6] s'allie à
la mutilation fortement symbolique. Dans l'iconographie des
femmes au plateau, la vierge aux seins coupés est la plus
envoûtante et la plus ambiguë, questionnant de multiples
façons les pulsions[7]. Elle s'inscrit, telle une anti-Salomé, dans
un univers imaginaire où les œuvres d'art choisies révèlent
les drames et les choix secrets d'un Des Esseintes philosophe.
Le geste séparateur du bourreau, le fer tranchant — violence,
délivrance ? — ces efflorescences de chair où l'on résume
parfois un corps de femme, prêtent à toutes les interpré-
tations : hypothèses complexes dont les fils, on le suppose
volontiers, s'entrecroisent. C'est le mystère de « Zurbaran :
Sainte Alexandrine » que, sous le pseudonyme de Maurice
Doris, Valéry publie dans *Chimère* en 1892, l'apparition de
« *cette martyre silencieuse, penchée* » (*PA*; II, 1289), dont
l'ombre dégage « *très beau le geste idéal* ».

Car, issues des folles manches citrines, les mains pieuses
conservent le plat d'argent où pâlissent les seins coupés par le
bourreau — les seins inutiles qui se fanent.

11

[...]
Mais la joie du supplice est dans ce commencement de la
pureté : perdre les plus dangereux ornements de l'incarnation, —
les seins, les doux seins, faits à l'image de la terre. (*PA*; II, 1289)

Nul ne sait le pourquoi du nom *Alexandrine*, autour duquel
on peut rêver. Il masque, au fronton d'une brève « glose »,
une scène que découvre trop vite aux amateurs d'art ou aux
lecteurs de vie de saints une *Sainte Agathe*. Inconnu des
martyrologes, il intrigue et contraint peut-être à une redécou-
verte. « Agathe » recréera plus tard l'énigme du prénom-titre,
occultant ou occulté, avec l'implicite rappel de l'Alexandrine.
Dédicace secrète à la mère, Alexandrine Fanny ? Confusion
ou condensation de la sainte de Catane avec les martyres
d'Alexandrie, lieu symbolique de l'intelligence ? « *Mon Alexandrie, mon vieillissant paganisme de l'intellect* » écrira plus
tard Valéry (*C*, VI, 738). Apparition d'une « protectrice de
l'homme », si l'on interroge l'étymologie et l'adjectif
αλεξανδρος [8] ? Ou bien encore composition splendide de
couleurs, mosaïque, *opus alexandrinum*, de précieuses agates,
cornaline, sardonyx ?

    « *Une rose ! c'est la première lueur parue sur l'ombre
adorable.* » (*PA*; II, 1289). La rose appelle à la mémoire une
litanie du sein :

> Tertres d'Agathe blanc, [...]
> Sein de couleur de liz et de couleur rosine
> De veines marqueté, je vous vy par souhait
> Lever l'autre matin, comme l'Aurore fait
> Quand vermeille elle sort de sa chambre marine.
> (RONSARD, « Pour Hélène »)

La liturgie fait d'Alexandrine la forme féminine d'Alexandre,
saint Alexandre qui succéda à saint Narcisse comme évêque
de Jérusalem. Les complexes jeux de la polysémie autorisent

toutes les hypothèses, que le nom, dans l'usage valéryen toujours surdéterminé, veuille dire ou cacher. « Alexandrine de Zurbaran » dont le dessin « *désigne mollement l'absence de tous fruits à la poitrine* » (*PA*; II, 1289) est le double femelle du Narcisse apparu dans le même temps, « *chair d'adolescent* » (*NP*; I, 1554), et plus tard beauté d'un torse,

Plus pur que d'une femme et non formé de fruits... (*FN*, 111)

Elle s'inscrit par là dans la nombreuse théorie des figures androgynes, comme son pendant le page de Cristoforo Allori, dont la tendre tête est « *ornée d'une écume de boucles et de spires d'ambre* » (*PA*; II, 1288) et dont la « *bouche en pierrerie* » esquisse fugitivement un « *sourire clair* » bientôt envolé.

Tu deviendras quelque homme... [...] tu ne seras plus Adam — mais une triste, individuelle pensée [...]. (*PA*; II, 1288)

Boucles, spires, chevelure, c'est la thématique du désir, telle qu'elle apparaît dans les notes sur Madame de R..., et dont l'Alexandrine participe par le fétichisme de la robe[9]. Lueur sur l'ombre, l'Apparition sur « *ténèbres intimes* » (*PA*; II, 1289) épure une chair réduite aux « *dangereux ornements* » refusés, jusqu'à n'être presque plus que la forme visible d'une âme enveloppée dans ses atours et ses velours. Ce couple jumeau de la vierge au plateau et du page qui, d'une main invisible, joue avec le pommeau d'une épée est un lieu du sens trop peu remarqué. On en fera l'annonce, ou le simple pressentiment, de l'acte de rupture, coup d'État, coup d'épée qui tranche dans le vif, dont s'inaugura le Système. La césure introduite entre le sensible et l'intelligible, la réduction du vécu aux « phénomènes mentaux », à l'objet d'un savoir, le rêve alors né d'une « *analyse* absolue » (*C*, VII, 280) [10], tel est le martyre, le geste de mutilation voulue, d'autant plus difficile que plus vive est la sensibilité. Il appartient à la vie avant de devenir méthode. La main valéryenne est du côté du bourreau, et les *Cahiers* censurent le fantasme d'une main « *du sein tenant le doux halo* », qui s'inscrit ailleurs [11]. L'Alexandrine ouvre le temps de Teste.

Il faut marquer ici la place d'une autre figure de la tentation de l'ascèse : celle du Précurseur, qui hante toutes les décollations, l'apparition de la Tête séparée qui rayonne dans son assomption [12], tandis que la chair inutile s'efface.

> Ô Tête, tête,
> À chaque instant en toi s'engendre
> Un centre nul de tous les refus   (*MF* ms VII, 138 *bis*) [13]

On relèvera dans « Agathe » la forme pure du *cercle* au centre duquel est le lieu virtuel d'une *perle*. On peut varier le « significatif », et mettre sur le cercle du plat d'argent la Tête ou le Sein [14], vivant d'une vie séparée, chair offerte au Dieu ou aux yeux du voyeur. En tout cas le martyre.

« *Anywhere out of the world* » [15]

« *Ego non sum de hoc mundo* »
(Jn VIII, office de saint Narcisse)

Agathê. Bonne, comme une mère Intelligence peut-être dont le lait n'aurait pas tari. Mais aussi achevée, parfaite. L'enracinement par le prénom-titre, du conte dans le martyrologe offre plus qu'une vignette précieuse propre à en orner les débuts. Il est, on le croit, nécessaire de lier à l'apparition lumineuse et sacrée de 1892 l'abstraite oraison de l'âme enclose au cloître du sommeil. L'absence même de toute relation marquée (sinon l'allusion vite abandonnée à la sainte) joue comme une marque plus forte d'être restée inavouée [16]. Le latent du conte, dit ici de l'entendement, est complexe. Il englobe, autant que la scène fantasmatique, un schéma culturel, une structure idéologique et narrative à la fois, répétée à quelques variantes près dans nombre de vies de saints. C'est le lieu d'un double discours : celui, légendaire, du supplice des vierges et celui, religieux, de la doctrine chrétienne du salut. La perfection à rejoindre ici-bas, c'est la découverte de la vanité de tous les biens extérieurs, de tout ce qui est *mondain* et détourne de la pure vie intérieure. Symboliquement c'est, dans la rhétorique évangélique, la *perle* de très grand prix pour laquelle, si on la trouve, on doit vendre tout ce qu'on a : « vendidit omnia quae habuit et emit eam » [17], plus accessible but d'un cheminement mystique que d'une ascèse spirituelle qui la situe au centre d'un cercle impénétrable, hors de prise des doigts vivants. Elle est la figure du renoncement à la chair, aux sens, au désir nommé concupiscence. Martyre citée au canon de la messe, Agathe est la sainte forte, sœur non tentée du « Jeune Prêtre ». Posée comme l'image du mystère de la désincarnation, placée à l'écart sous le signe de l'art, elle est le paradigme de la pureté achevée que de nombreux poèmes désignent dans le contexte de 1891 ; pureté que la *« Mystique sans Dieu »* (II, 34) laïcise en rêve de toute-puissance, en volonté de Tout savoir. Otés ses atours, il reste la « *fille directe et ressemblante de l'être sans visage, sans origine, auquel incombe et se rapporte toute la tentative du cosmos... »* (I, 1222) : « *Et voici [...] que son ardeur pour être toute-puissante l'éclairant, elle a dépassé toutes créations, toutes œuvres [...] en même temps qu'elle dépose toute tendresse pour elle-même, et toute préférence pour ses vœux. Elle immole en un moment son individualité. Elle se sent conscience pure* [...]. » (1229). Martyre de l'intellect, « *créature de pensée* » (1156) au sourire de Joconde ou de Jean-Baptiste, qu'on peut si l'on veut nommer *Léonard*, elle dit alors « *Soi et X* » (1223), comme le christianisme l'Âme et Dieu.

Que l'argument clé qui sous-tend le schéma narratif d'« Agathe » — l'aventure de l'esprit narrée par Valéry de plus de vingt façons — s'enracine dans une idéologie chrétienne qui a longtemps inscrit ses mots et son imaginaire propres dans une conscience ou un inconscient depuis lors autrement structurés, semble l'évidence même. L'initial séraphisme valéryen n'en est que l'imagerie un peu lourde. De façon plus élaborée, sous le sigle Θ du *Peri tou theou*, ce sera « Le Salut » :

Voilà pour moi, ce qui est le fond commun de tous les commandements, et qui enveloppe à la fois les doctrines de renoncement et celles qui exaltent l'ambition de la puissance. [...] il s'agit au fond de conserver son universalité, et de la défendre contre les attraits particuliers, contre les séductions momentanées, contre les habitudes douces et suffisantes,
C'est là proprement *sauver son âme*   (*C*, IX, 447)

Nous verrons que l'initial « *Plus je pense, plus je pense* » (*AG* 1) recouvre un *penser de plus près* et fait clairement signe au motif rhétorique du divertissement pascalien — « quand j'ai pensé de plus près » — et à la méditation de notre condition mortelle. C'est une preuve de plus de la présence d'un thème religieux suborné ou transcendé. Il s'agit désormais de vivre en ce monde le salut, d'emprunter au mysticisme sa seule structure.

Un petit seuil ⁺|pas| me sépare de ma *gloire*, de mon salut —
de ... — néant —   (f° 69)

dit un ajout commentant la « perle abstraite ».

L'imagination de l'aventure mystique appartient très explicitement au contexte d'« Agathe ». Qu'on relise l'article « Durtal » paru dans le *Mercure de France* de mars 1898 (I, 742—53) ; une lettre à Gide l'évoque en même temps que le projet « Notes sur "Agathe" » ou : « Agathe ou le Sommeil » (*Corr.GV*, 316). Comme il le fait dans la plupart de ses textes critiques, Valéry projette sur *En route* et Durtal certaines de ses préoccupations du moment. Abstraitement considérée, la conversion semble « *une pure substitution entre des termes psychologiques, qui laisserait invariable le fond de l'esprit* » (I, 746), ou encore « *une distribution nouvelle des valeurs des choses, un nouveau dictionnaire, personnel* ». Confronté comme la martyre au cas limite de la douleur de la chair, le mystique montre qu'il a « *substitué une nouvelle idée à l'ancien jugement qu'il portait sur ses sensations* » (747).

> Le sujet regarde son ensemble, se réduit à cette bouffée de souvenirs qui lui remonte ; s'en détache, se résume en un point d'inquiétude unique au monde ; il n'est plus sa chair, [...] il se sent différer à chaque instant de sa pensée.   (I, 749)

> Tout devient nul ou immense, tandis que le nouvel homme s'approche.   (I, 750)

> C'est le point où les derniers changements de l'homme sont possibles, et il le sait.   (I, 753)

Ainsi Valéry voit-il dans la mystique « *une sorte de science pure individuelle* » (Œ, I, 748), un « *lieu de rapports nouveaux* » comme peut l'être d'une autre façon le rêve — rêve de cataleptique ou bien d'une Raison. En 1894 déjà il imaginait cette science : « *Aujourd'hui — après le criticisme — le Moment est bien meilleur que naguère pour faire la Science intérieure, celle que les mystiques ont entrevue ! Et peu de gens s'y adonnent — et je voudrais l'apercevoir.* »

(*C*, I, 64). Huysmans apparaît dans la note suivante. Et certes cette œuvre qui « *tient d'abord au poème* [...] *par la transformation systématique des groupes d'impressions, les uns dans les autres* » (Œ, I, 752), « *où se reconnaît souvent la voix sans repos et sans bruit, celle qui se tait lorsqu'on parle* » (745), et qui a su imposer au lecteur « *un monologue intime analogue au sien* » a dû suggérer en même temps que la démarche d'une conversion abstraite, la forme, l'écriture, le timbre où celle-ci se dira.

Substituer à l'immortalité de l'âme l'universalité de l'esprit, le Moi pur ou la « perle abstraite » au royaume des cieux, c'est changer de registre le discours sacré, tout en en conservant la forme : l'aventure orientée vers une perfection à atteindre — « *J'ai d'elle le désir* [...] *J'en suis proche peut-être* » (*AG* 8, 9) —, l'assurance donnée par le Verbe et la parole — « *je remue en moi-même les innombrables chances de la méditation, et prophétise* » (8) —, et le caractère fortement individualiste d'une aspiration qui n'imagine une immolation de la personne que pour une transfiguration : « *Ô quel point de transformation de l'orgueil, et comme il est arrivé où il ne savait pas qu'il allait !* » (*ND*; I, 1229). L'orgueil, « *Prince des Péchés* » (II, 363) devenu la vertu absolue, c'est l'itinéraire spirituel que « Note et digression », prenant à ce niveau le relais d'« Agathe », mène idéalement à son terme. Ici et là, la même exigeante tension qui « *conduit à ce contact de ténèbres éveillées, à ce point de présence pure* » (I, 1223) ; ici et là, si on relie comme les projets valéryens *La Soirée avec Monsieur Teste* et le conte inachevé, après le temps du théâtre mondain, la même nuit mystique et l'enquête au plus profond : — « *à la profondeur d'un trésor* » (1228), « *C'est mon fond que je touche* » (*AG* 1). La Jeune Parque-« Psyché » raconte aussi, moins abstraitement, la même histoire de l'âme et les stations d'un lent chemin, jusqu'à rêver de

[386]   [...] ce long regard de victime entr'ouverte,
          Pâle, qui se résigne et saigne sans regret ?   (*JP*)

Quand on va jusqu'au bout d'une « passion », mot ambigu
que les *Cahiers* inscrivent sous la formule « *TO GO THE
LAST POINT* » (*C*, I, 202), on parvient à ce qu'« Agathe »
nomme *unité, limpidité, pureté* ; ou encore « système nul ».
« Note et digression » nomme plus explicitement, sous le
signe de saint Thomas, « *l'âme séparée* » (Œ, I, 1214) puis
« *la connaissance séparée* » (1216) : « *victime, chef-d'œuvre,
accomplissement* » (1223) ; αγαθη, accomplie.

GENÈSE D'UN CONTE

Conte ? poème en prose ? fragment d'un roman de l'esprit resté inachevé ? Le texte pose la question de son *genre*, alors qu'un de ses buts ou effets peut être d'ébranler la commodité de cette notion. La critique a diversement opté. Prenons acte de ses résultats. Ce fragment en prose (prose, soulignons-le, donc privé de cette ressource essentielle pour Valéry qu'est la voix rythmée) a des usages pluriels. Si sa vocation ne fut pas délibérément d'être offert au lecteur comme un élément à combiner, il entre sans difficulté dans les complexes jeux d'une Combinatoire. Lu après la *Soirée*, il paraît autre que mis en parallèle avec *La Jeune Parque* ou « Histoires brisées » ou *Alphabet*. Il fonctionne dans l'œuvre d'une façon insolite comme s'il voulait déjouer le repérage. Abandonné, il fait proliférer dans les *Cahiers* les notes placées sous son sigle Mnss [Manuscrit], installant hors dossier un autre chantier. Il désigne la *prose absolue*, sœur jumelle de la *poésie pure* : il y a là matière à gloser.

Valéry cependant sur le moment et bien plus tard employa toujours le mot *conte* : « [...] *je me suis mis chez moi* sub lumine, *à écrire le début du conte* [...]. » (II, 1387). « *Je reviens (après 41 ou 42 ans) au Conte que j'appelais* Agathe *et qui a cédé ce nom à ma fille.* » (*HB*ms; « La Toupie »). Cette référence à la narrativité doit être relevée : il y a là une *histoire*, et un sens à chercher. Là aussi peut-être l'obstacle. Le rêve de la Narration limite, du Roman essentiel qui en quelques lignes dit tout — le livre qui manque à la bibliothèque de Des Esseintes [18] —, fut un tourment de l'esprit dont « Agathe » est la trace plutôt que l'aboutissement. Conçue dans le désir et bientôt délaissée, l'œuvre est un des grands lieux d'affects du Scriptor. Loin de susciter le dynamisme du plaisir esthétique — plus je t'ai, plus je te veux, plus je te fais plus tu m'appartiens —, elle semble une déception qui n'en finit pas, comme s'il restait l'espoir d'une secrète étincelle surgie de cet amour abandonné. Pour qui a surinvesti le rapport à l'écriture, c'est un drame vrai que de faire du travail un « pensum » ou pire : *« Je suis condamné à écrire rétroactivement, sans chaleur, sans but, sans désir et sans plaisir — comme un parfait imbécile, — l'imbécile étant celui dont le devoir est assommant, et qui le remplit... »* (II, 1387) [1900]. Plus tard, au temps de la guerre, les alexandrins difficiles de *La Jeune Parque* aideront à vivre. Mais dans un moment décisif, celui de la retombée du premier élan poétique, celui aussi du travail de deuil sur la mort de Mallarmé, l'unique création « littéraire » envisagée est vite un sujet « *refroidi* », un « *écrit souvent mortel et immobile* » (1388) : « *si absurde* » qu'on « *fini[t] par [l']* en aimer* » [1901].

Écrite lentement et sans joie donc, l'histoire nommée « Agathe », dont seul le titre peut-être enthousiasma. Disparue la sainte à la rose, la sainte aux seins offerts mais voilée de velours, il reste le goût de la « rigueur » et de la « nouveauté ». Si Valéry n'entretint avec nul autre texte des rapports aussi ambigus, les voies de la genèse en sont d'autant plus délicates à saisir. À tous égards, et jusque dans le sentiment d'excessive difficulté et d'échec, le modèle mallarméen a pesé. Tenter vainement d'exorciser la présence écrasante, de se délivrer de l'extrême impuissance où la rencontre de la supériorité jeta, fut certes ici un enjeu. Mais Valéry crut aussi, trop hâtivement sans doute, pouvoir mettre en acte un Système dont les bases théoriques étaient à cette époque insuffisamment assurées. Tout résumer en un discours, non pas aboutissement mais formule, représentation, diagramme, c'eût été faire la synthèse des diverses recherches psychologiques, mathématiques, linguistiques alors conjointement amorcées. C'eût été prouver ou éprouver par la création. Quand Valéry évoque « *cette bizarre conception de la littérature que j'ai eue dès le début* » (*C*, IX, 23), et les dix ans passés à chercher une « *langue "absolue"* », on songe nécessairement à « Agathe » comme à la bonne parole requise. Racontons alors une histoire apparemment vraie : il y eut une fois un texte littéraire qui songea d'être en même temps une philosophie du langage et une théorie de l'entendement, et crut pouvoir suivre le double chemin du calcul et de l'engendrement.

L'idée sans doute en est ancienne et peut se relier au projet — « *un roman en 7 poèmes en prose* » — inscrit dans des notes de 1891 (ms inédit). « Agathe » semble avoir repris en charge, dans son écriture et son « argument », un ensemble d'intentions qui ont d'abord cherché dans des ébauches de jeunesse des réalisations séparées. C'est l'idée d'un calcul de langage analogue à celui que réalise l'harmonie musicale : « Il est des nombres plus subtils. *Trouver dans un rapport métaphorique ou simpliste — l'analogue de l'accord parfait.* » C'est aussi le désir de conduire la recherche vers l'« Hypnose de la Pensée » : « *Fixer l'attention sur un seul concept assez longtemps, passer dans un autre être logique. [...] Y arriver par la succession des similitudes.* » (inédit, R/52). Cela s'appellera plus tard *La Jeune Parque* ; avec pour « sujet » « *une suite de substitutions psychologiques, et en somme le changement d'une conscience pendant la durée d'une nuit* » (I, 1622). On remarquera la permanence des préoccupations ;

en 1894, le premier des Cahiers notait, sous le titre « Spécial Service — » :

1) Changement d'état du soir au matin par sommeil. [...]
2) Circuit. Dans le sommeil ni sensations directes, ni volonté. Rigoureusement images   (C, I, 7)

Les problèmes du temps, de la sensation, de la métaphore venaient s'inscrire dans ce canevas d'une investigation du sommeil : « *Toute sensation parvenant* [...] *est* interprétée, *développée, métaphore, travail élémentaire. Toutes les fois que dans la veille il y a* métaphore (!) déclenchée *la distance au sommeil est un minimum.* » (C, I, 7). **Tout** le matériel conceptuel aussi bien qu'une certaine volonté sémiotique plus encore que littéraire préexiste au projet que les *Cahiers* semblent lentement mûrir. Une psychologie fondée sur l'étude des « *relations générales* » (105), non des fonctions particulières et, notée à côté sur la page, cette intention :

L'écriture / dessin / idéographie
essayer d'en fabriquer une.

cela peut suffire pour faire une « Agathe », avec cette épigraphe contiguë : « *Machine à penser* » (C, I, 104). On lui donnera encore, pour situer l'écoute où il faut, cette dédicace :

Je ne m'adresse qu'à l'homme seul — à celui qui se relève in media nocte, dans la nudité de son existence — comme ressuscité de l'autre côté de sa conscience, toutes choses lui paraissant réelles et étrangères — comme s'il fut venu avec une lampe dans un lieu obscur et encombré d'objets inconnus qu'elle éclaire et transforme à chaque pas.   (C, XIV, 482)

le conte d'une dormeuse ou la synthèse du rêve

Pour une unique fois Valéry expose un argument narratif dont les contours sont précisément tracés. La correspondance et les brouillons reviennent à plusieurs reprises sur des données concrètes qui semblent ne pas déborder le stade du projet. La femme réveillée après un long sommeil hanté d'un rêve ininterrompu et faisant le récit d'une étonnante nuit dont l'entier souvenir est resté, est le plan dans lequel une théorie de l'esprit imagina assez durablement de se projeter. Des détails familiers — un évanouissement, une assiette brisée, trace peut-être du plat d'argent orné des deux mamelles séparées — esquissent avec assez de précision une scène dont rien en définitive ne subsistera.

« Agathe » |dira qu'elle| levait les bras au-dessus de sa tête, il y a dix ans, un instant avant d'aller déjeuner, pour saisir un plat sur une tablette. Elle ne pensait à rien à ce moment. Mais, tout à coup, elle s'avisa que ce plat était
C'était le moment même où sa mère la trouvait étendue sur le sol, endormie parmi les débris de l'assiette.   (f° 145)

Le scénario posant une rêveuse réveillée devenue narratrice se reproduit plusieurs fois dans des mises au net ou des notes marginales [19], semblable à celui que Valéry décrit à Gide en janvier 1898. Tel cet ajout au crayon sur une page d'analyses mises sous le titre « Sleep » :

Conte. la femme qui dort depuis X ans se réveille — et raconte. Curieux dessin psychique. Qu'est devenue la pensée = !!! Temps que dure le récit — épuisement de l'intérieur   (f° 136)

La critique des récits de rêves, l'impuissance tant du souvenir que du langage de veille qui doivent le ramener au jour, seront plus tard des leitmotive de la réflexion de Valéry dans son opposition à Freud. En 1898 cependant, il accepte l'hypothèse : « *Je suppose qu'enfin* [...] *Agathe se souvienne et parle.* [...] *Peut-être, c'est une absurde supposition, mais personne ne peut encore le démontrer* [...] *qu'elle dise ce que devient un monde* [...] *qui change à l'écart de la réalité* » (f° 10).

Sous le double sigle Ψ/Mnss, Valéry, dans les derniers temps de sa vie, explicite dans les mêmes termes le projet vieux d'un demi-siècle :

L'idée (1894) du conte que j'appelais alors « Agathe » — ne manquait pas d'intérêt. [...] Elle utilisait le problème : si l'esprit s'engage en lui-même, selon ses modes propres — association et similitudes, avec la condition de substitution perpétuelle ; — qu'on suppose qu'il soit *isolé* — c'est-à-dire que sensations ni changements d'état n'interviennent pour rompre la suite des substitutions propres ; — que l'on puisse regarder les produits successifs comme ne pouvant exciter de réactions fonctionnelles qui fassent modifier la « phase », et apparaître des « forces extérieures » — (*C*, XXIX, 581) [1945]

Les lois d'une psychologie qui veut être une physique spirituelle demandent pour être établies un *système isolé* : condition de méthode indispensable, décrétant la mise hors du jeu des « interventions » par lesquelles l'extérieur vient infléchir et perturber le phénomène étudié. Bien avant le rêve d'une thermodynamique mentale, Platon imaginait semblablement l'âme du philosophe quand elle cherche à rencontrer la réalité :

Et sans doute raisonne-t-elle au mieux, précisément quand aucun trouble ne lui survient de nulle part, ni de l'ouïe, ni de la vue, ni d'une peine, ni non plus d'un plaisir, mais qu'au contraire elle s'est le plus possible isolée en elle-même, envoyant promener le corps, et quand, brisant autant qu'elle peut tout commerce, tout contact avec lui, elle aspire au réel. [20]

Valéry, tout en inscrivant parmi ses modèles ou ses fantasmes le *Philosophe en méditation* dans sa clôture de clarté, envoie plus réalistement le corps au lit dormir, du long sommeil fermé de la catalepsie [21]. La princesse dormante aux « *yeux ensevelis* » (*AV*; I, 79) est, au temps de Charcot, la sœur des hystériques et des somnambules chères aux magnétiseurs. Les annales médicales peuvent fournir la presque plausible hypothèse sur laquelle le conte essaie de se construire. « *Étant donnée une de ces femmes qui dorment deux, trois ou dix ans de suite, on suppose (fort gratuitement) qu'elle a rêvé tout le temps, et qu'elle peut raconter au réveil ce rêve.* » (II, 1387). Le poète dira :

> Mais la dormeuse file une laine isolée ;
> [...]
> Le songe se dévide avec une paresse
> Angélique, [...]   (*AV*; I, 75)

En place de la parfaite ascèse d'un esprit abstrait de son corps et devenu pure substance spirituelle, ange, Valéry installe l'Agathe endormie dont l'absolue simplicité rejoint la complétude achevée d'une Tête. Dans la problématique valéryenne, les extrêmes se confondent . la Sainte du sommeil peut posséder le grand secret. Il est tout à fait remarquable qu'aucune modification décelable du texte n'apparaisse quand la dormeuse devient *cervelle* et le rêve parlé *manuscrit*. La collusion profonde et originelle que Valéry établit entre le simple et le complexe (ou l'un et le tout) en est par là même attestée. Les plus anciennes notes sur le rêve, insistant sur l'isolement du sommeil, l'apparentent d'ailleurs étroitement au trésor scellé de la Tête trop absorbée dans ses internes variations. Le « Mémoire sur l'attention » s'enchaînera sans difficulté sur les travaux d'« Agathe » : entre les deux situations mentales, il n'y a peut-être qu'une différence

de degré. On pose donc que le rêve n'est ici qu'une représentation commode de l'esprit dans sa pureté et comme la
figure de base d'une géométrie psychologique. Il faut inscrire
les déclarations claires du créateur de la dormeuse :

Agathe est une représentation —
C'est le 1° essai de représenter en somme un ensemble de relations et de fonctions par une personne —
    et cela est à dire —   (f° 151)

Ce qui se dit aussi, et sans contradiction :

Représentation de l'état total d'un homme — dans les conditions
les plus simples, physiques ; et les plus riches, mentales. — Dans
le temps.
    Jeu de tous les systèmes ainsi limités.   (f° 150)

Poussé idéalement à sa limite, l'isolement du rêve réalise un
état d'abstraction où seules apparaissent certaines propriétés.
D'abord sans doute celles qui sont invariantes, communes à
la veille et au sommeil, révélant par là même le fond,
l'essence ; celles, ensuite, qui caractérisent les états rares ou
extrêmes et permettent d'approcher une autre commune
mesure. La recherche du semblable sous l'apparemment différent, de ce qui ne change pas quand tout semble changer,
est un principe de méthode, comme aussi le travail de géné-
ralisation, fondé sur l'induction et le raisonnement par
récurrence. Ainsi les *Cahiers* notent sous le titre ΜεΘοΔη
« *arriver à simuler — un rêve — ("je croyais rêver")* [...]
à simuler une image mentale et une suite » (*C*, I, 327). Ce n'est
pas une vue très partielle, mais un modèle universel qui
espère se constituer à partir d'un élément privilégié. Considéré comme le cas limite d'un système où règne le seul
déroulement des phénomènes purement mentaux, le rêve est

en effet l'exemple d'un monde à l'écart du sensible où n'existe que l'intelligible pur. À l'autre pôle on placera le plus haut « degré de symétrie », la sphère d'une divine pensée, d'une *Noesis Noeseôs*. On évoquera, face au rêve d'Agathe, un autre rêve, « *Un rêve de vigilance et de tension que ferait la Raison elle-même !* » (*ÂD*; II, 154), que semblent composer les danseuses de « L'Âme et la danse », clairs visages de lois augustes : « *La divine pensée est à présent cette foison multicolore de groupes de figures souriantes* [...]. » (155). Ou bien encore, pour rester parmi les fantasmes, on imaginera le martyre de l'intellect, la « *tête coupée* » (*C*, VIII, 588) qui « *pense encore* » ou l'attente infinie d'un Lazare au tombeau.

Agathe, Sainte du Sommeil, dans lui ensevelie, environnée : un vase clos, où se continue une action tandis qu'absolument séparé d'elle, le reste continue. Idée de la sphère fermée.   (f° 109)

L'idée d'une « *synthèse du rêve* » (*C*, XXVI, 108) sur laquelle les *Cahiers* reviendront, fut ainsi, dans sa forme originelle, liée à une intention narrative mais aussi théorique et représentative qui dans le travail du texte passe d'emblée au premier plan. De l'indication de mise en scène plusieurs fois donnée dans les projets, il reste le lit, le velours du minuit, le bruit écarté de la ville. « Agathe ou le Sommeil » (f° 126) est, engageant une philosophie de l'esprit, un « *Peri tou upnou* » (f° 1)[22] qui n'esquive pas la difficile question de la reconstitution d'un état échappant à l'observation. « *Ceci* [note Valéry] *appartient à une série d'études sur la pensée dans ses effets rares —* » (f° 126). La part de l'*a priori* est ici assez forte pour que la « *fabrication artificielle du rêve* » (f° 129) ait presque valeur de moyen d'investigation et de découverte et contraigne conjointement la démarche de l'esprit et de l'écriture. La « *construction d'un rêve* »

29

(f° 131 v°) se fonde sur la double méthode de l'analogie et du problème supposé résolu : « *parler du rêve avec sûreté comme si on savait à fond son mécanisme* » (f° 181). Le point de départ doit être la considération de la « phase » et l'affirmation de cette évidence ; le rêve n'est que sous le sommeil, c'est-à-dire dans un état où les variables en jeu sont en nombre réduit. La distinction R[éalité] I[magination] ou φ/ψ dont Valéry fait une des clés de sa notation, offre ici un cadre commode pour élaborer des définitions :

Le sommeil, si l'esprit est un système comprenant deux portions, l'une qui est la réalité ; l'autre qui est la pensée, est l'état de ce système lorsque la 1ère portion s'annule. (f° 156) [23]

La démarche nocturne se compose alors en deux temps : « *Épuisement de R (?)* » (f° 145) ; « *Étude de I si on suppose R s'annulant* » (f° 142). Réduit à l'étude d'un système à deux variables lorsque l'une tend vers zéro, le domaine du rêve ici envisagé n'est évidemment pas celui de l'expérience, mais celui des modèles abstraits. La place des objections possibles est d'ailleurs clairement indiquée, ouvrant la voie au débat philosophique.

Savoir si tout de même la pensée est possible sans *aucune* sensation ? (f° 133 v°)

Théorie nouvelle ? Tout rêve est dû à des sensations perçant encore la croûte sommeil. — Sans nulle sensation pas de rêve. (f° 134)

Dans la conduite du projet cependant les nécessités de méthode l'emportent : « *nous allons supposer tel cas élémentaire et en déduire les conséquences* » (f° 152). La construction partira de l'effacement du monde et des sens, avec la rupture des relations définissant l'état de veille et leur remplacement par des relations nouvelles, puis la loi de série qui règle le nouveau jeu des éléments.

Esprit dépourvu des sensations.
Alors — A. un certain potentiel
        B. Self-variance — et le temps psychique
Par hypothèse — le potentiel sera réduit à P termes   (f° 139)

D'une façon analogue à la formation d'entropie ou la dégradation d'énergie dans un système thermodynamique isolé, il faut « *étudier l'appauvrissement* [...] *du donné* » (II, 1387), faire apparaître peu à peu la forme d'une vie mentale qui se vide du significatif.

Dès lors le jeu se joue dans la pensée pure, ou une « âme » abstraite dans une île de simplicité. La place est libre pour une autre apparition. Endormir, éveiller Agathe, c'est conter l'expérience spirituelle menée aux confins de la conscience où le *connaître* se voit *être*. « *Comment se fait-il que seul avec ton esprit tu saisisses ces merveilleuses réalités numériques, ces solidités enfin, après le tâtonnement de lueurs — et les changements tantôt devinés, tantôt, imposés ou contraires* — » (C, III, 43). L'aventure de la dormeuse est recouverte par l'« Histoire de l'homme qui dispose de ses idées » (45). Un autre schéma narratif se dessine, qu'on peut appeler une « *rêverie réglée* » (II, 781) espérant conduire à la notion nette où se résumerait le pouvoir de l'esprit.

Une découverte intérieure, contée, entre le sommeil et la plus grande veille — sur le théâtre seul |*de la conscience*|+|du corps jeté absent| — tâtonnements et finalement unité. Simplement. Montrer se faire la clarté avec des ombres, le point avec des taches.   (f° 193)

Le Scriptor pour qui la narration, avec ses exigences, ne perd pas ses droits, ajoute : « *rendre passionnante la Suite*

31

de ces pensées ». Les *Cahiers* contemporains des premiers projets montrent comment se rejoignent alors dans les préoccupations l'ordre de l'écriture et celui de l'esprit. La même page paraphrase dans les deux registres le thème testien du « *je me sais par cœur* » (*MT*; II, 24), réussite affirmée de l'ambition totalisante.

> Observant sa vie totale, toute sa connaissance comme les astres — les passages de sensations et de mouvements intérieurs, les occultations, les retours — [...] observant qu'il observe — [...]
>
> On ne peut bien raconter que lorsqu'on sait par cœur l'histoire [...] il y a intérêt majeur, en contant, à épuiser, *même sans l'énoncer totalement* soi-même, la somme des suggestions et des développements possibles du conte. (*C*, I, 356)

Il faut trouver le symbolisme littéraire dispensant des dénombrements complets, introduire une force attractive, « *la gravitation des idées vers une autre* » (*C*, I, 355), narrer en énumérant « *les choses sous l'aspect le plus excitant* » (656), c'est-à-dire « *dans l'ordre* ».

l'Arithmétique universelle

Il faut faire un grand saut pour passer de l'« Agathe » à l'algèbre, de l'histoire de l'âme à l'aventure mathématique. Pourtant le même temps vit naître deux projets secrètement jumeaux : celui, théorique, remplissant les *Cahiers* d'alors, de l'*Arithmetica universalis*, et celui, littéraire, du long songe de la dormeuse. Jamais Valéry ne veut être un théoricien pur ou un pur artiste. Sa méthode s'élabore et se prouve *en acte*. Si l'on doit faire des *Cahiers* le contexte de toute l'œuvre, c'est d'abord parce que l'esprit y exerce les muscles qui lui permettront ailleurs de danser, et, pour comprendre l'art, il faut déchiffrer aussi l'exercice. Il indique que l'entreprise fut le conte fantastique de celui dont la loi est « *énumère-toi* » (*C*, III, 238) et « *qui refait toutes ses notions, une à une* » (II, 101). Les projets sont précisés en 1898. Le conte « *que je ne finirai jamais car il est trop difficile* » (*Œ*, II, 1387), qui « emballe » puis « embête », est annoncé à Gide le 15 janvier. L'*Arithmetica universalis* est exposée le 4 dans une lettre à Fourment, après avoir fait l'objet de conversations antérieures. Ici et là, l'écoute de l'ami devrait clarifier un travail fort ardu : « *Je turbine toujours un peu ma psychomanie. [...] Je voudrais faire pour toi une sorte d'exposé plus lucide.* » (*Corr.VF*, 141) ; « *[...] quand [...] je repense à mes trucs et systèmes, j'aurais besoin de les exposer de vive voix pour débrouiller diverses choses entortillées en moi.* » (*Corr.GV*, 309). Au philosophe, la théorie ; à l'écrivain, le projet d'un conte. Mais l'unité de préoccupation est assez évidente. Il s'agit de mettre à la fois en forme et en texte une psychologie « mathématisée » qui, dans les *Cahiers*, devient souvent une « théorie des opérations » empruntant son modèle à la théorie des groupes. Valéry se classe sans doute, comme il le fait alors de Walras, parmi « *ceux qui pensent que le domaine de l'analyse mathématique ne saurait être trop étendu* » (*Œ*, II, 1443). Il veut lui aussi « *dégager, dans le fouillis des phénomènes [...] un ensemble de variables liées par des relations purement quantitatives et sur lesquelles on n'ait plus qu'à opérer mathématiquement pour connaître les propriétés de leurs combinaisons et de leurs variations* ». Sous le signe de l'équation $I + R = K$, imagination + réalité = constante, il cherche à formaliser sinon les états mentaux du moins leurs relations. La succession de deux états, les suites ou séries que ces successions composent sont les préoccupations constantes d'un travail qui pousse au plus loin l'idée d'une psychologie scientifique assez répandue à la fin du XIXᵉ siècle. À Félix Klein, Valéry emprunte l'idée de groupe de transformations ; à Newton, le titre d'*Arithmetica universalis*, et l'idée des variables fluentes, c'est-à-dire d'une enquête dans l'infinitésimal qui soit liée au temps. La volonté est de trouver, sous l'apparente discontinuité de la vie mentale, la *continuité*, fût-ce au niveau infiniment petit. Si chaque état mental semble une unité discrète, il est dans le profond, sous-tendu par un flux continu, au vrai peut-être écume, diamant d'un *mare nostrum*.

> La psychologie en tant qu'étude de fonctions, il ne faut pas étudier les portions |*images*| particulières — discontinues mais les relations générales où le continu peut s'introduire.   (*C*, I, 105)

Fondée, comme celle de Newton, sur la proportionnalité, l'Arithmétique universelle de l'esprit apporterait une solution au problème de la commune mesure entre les phénomènes hétérogènes. Entre une couleur, une douleur, une idée, rien de commun sinon leur possibilité de se substituer dans le champ de l'esprit, de varier et de se succéder selon des lois sans doute non aléatoires. C'est ce calcul portant non sur les états mentaux mais leurs relations qui est le fond de la problématique de l'« *old Agathe* » (fᵒ 14 vᵒ) comme de l'*Arithmetica universalis*.

Que les « états » n'existent pour la pensée que par les signes qui les font être dans l'esprit, c'est l'idée que Condillac réaffirme après Locke quand il s'interroge sur *l'origine des connaissances humaines* ; c'est aussi un axiome de base chez Valéry qui unit dans les *Cahiers* « *l'analyse du langage* » (voir *C*, I, 141—51) et la « *théorie des opérations* » (162) prenant les exemples de ses « relations » dans le monde des signes : « rationnelle » la métaphore (ou le métaplasme) fondée sur la similitude ; « irrationnel » ou « symbolique » l'arbitraire du mot, reflet d'une contiguïté décidée ou fortuite. Ressemblance décodable, ou lien forgé par la contiguïté spatiale ou temporelle et fixé dans le souvenir, A φ B ou A ≠ B mais trace d'un antérieur A'B', tel est le mécanisme élémentaire de relations sur lequel fonctionne l'esprit, du moins tant que nul apport nouveau n'intervient. Si, au-delà de la succession A B, on considère une suite ou une série A B C ... N, de nouveaux problèmes apparaissent. Tenté parfois de penser que l'enchaînement se fait par couples et que la série *« n'a que deux termes en réalité » (918), Valéry rencontre vite deux lieux essentiels de sa réflexion : les phénomènes de périodicité qui introduisent un rythme ou un recommencement : *« Que faut-il pour qu'un système repasse par les mêmes états ? »* (VII, 716) ; et le modèle mathématique des suites convergentes ou divergentes qui tendent les unes vers une limite, les autres à l'infini. Dire en le mimant tout à la fois dans la forme du signe et du sens, dans les mots et dans les figures, le mystère ou le mécanisme de l'A B C D ... N de l'esprit, qu'on inscrive, après N, A' B' C'... ou ...O, ou ...∞, est ce qu'on peut appeler le PRÉ-TEXTE abstrait d'« Agathe », matrice antérieure à l'écriture, amorce d'une « littérature potentielle » dont la loi et la possibilité précèdent la réalisation. Le texte doit être alors la figure de l'« *ensemble de toutes les relations possibles dans un contour donné* » (II, 187). La primitive invention est formelle, et l'écriture cherche ailleurs qu'aux mots sa source. Le projet conçu, le Scriptor s'arrête pour étudier son *énoncé*, soulignons, la décision est insolite et capitale « EN DEHORS DE TOUTE LITTÉRATURE » (Œ, II, 1387). Le rêve d'Agathe se réduit ainsi à « *une suite toute mentale à partir d'une sensation ou à partir d'un fait purement mental* » (C, I, 826). Agathe simplifiée devient, sensation ou idée, un quelconque

objet A ; on peut en mettre le thème en schémas : « *abcd.*
acdd. abcd. aabb. » (358). L'installation rapide dans l'abstrait est ici la démarche fondamentale, visible à chaque
instant. Trace, dans l'écriture, de la « réduction absolue » de
toute chose ou événement au « phénomène mental », elle
montre le fonctionnement d'un imaginaire qui prend sans
cesse appui sur des formules et des opérations. Lisons,
comme exemple simple, un incipit que les *Cahiers* mettent
sous le titre (en caractères cyrilliques) « Agathe » :

Je suis dans mon lit |*et*| *[rêvant que je rêve] que je suis dans
mon lit |*et*| rêvant que je rêve...
Voilà qui est impossible à imaginer. Chaque opération à effectuer
se confond à partir de la n^{me} avec la (n — p) ème. [...]
S (= α + Φ (α + Φ (α + Φ (α + ...)))   (*C,* I, 696)

De nombreuses notes du dossier montrent de même comment
Valéry affine abstraitement son pré-texte, calcule ou construit le squelette, avant d'entreprendre une vraie rédaction.

Agathe [...] après une suite *de représentations indéfinies* [...]
arrive à une série A, B, C, D, A... etc. Cette série se reproduit
alors indéfiniment parce que par hasard A diffère très peu de
D [...]. Agathe est donc réduite à la répétition de cette série.
(f° 128)

Schéma du rêve d'Agathe et des points délicats. A B C...M se
succèdent, en M on a M ≡ A (1) D'où de nouveau A B C D M.
La 1ère difficulté est d'établir solidement (1) [...] Appelons B' le
2ème B, B'' le 3ème etc. Il faut discuter la question B = B' ou
B ≡ B'. En d'autres termes décider si B' sera reconnu identique
à B ou seulement semblable ou considéré comme absolument
neuf.
(f° 132)

Un calcul de relations doit rythmer tout le texte. Transformer, substituer selon le rationnel ou le symbolique, constituer des séries, est le travail que les *Cahiers* théorisent tandis
que le Scriptor leur donne une chair.

Théorie. *a* par une opération π est transformé en *b*

$$b = a \, \pi \, (a) \qquad\qquad (C, I, 359)$$

A et B, irréductibles l'un à l'autre dans tel *domaine* (P) deviennent *réductibles* dans *tel* autre (Q). Voilà toute la connaissance.

(C, I, 614)

Sort alternatif d'un groupe de 2 idées : ou deviennent radicalement irréductibles ou se confondent. (C, I, 203)

Des balbutiements théoriques se dégage la simplicité du texte : « [...] *bientôt, je ferais toutes mes idées irréductibles ou confondues.* » (*AG* 9).

D'une certaine façon, « Agathe » voulut être l'incarnation de l'*Arithmetica*, la mise en scène d'une pensée qui vit sa formalisation et administre la preuve d'une position philosophique fondamentale : « *La science mathématique dégagée de ses applications* [...] *et réduite à l'algèbre* [...] *est le plus fidèle document des propriétés de groupement, de disjonction et de variation de l'esprit.* » (C, I, 36). Que l'esprit mire sa démarche au miroir de la mathématique, qu'il y découvre sa loi innée ou bien la forme de sa forme fut un rêve de métaphysicien dont Valéry connut la séduction. Le projet d'une représentation conforme de la pensée, restreinte à celle de ses opérations types, ne pouvait esquiver cette voie : « *la mathématique est une manière de pensée — une pensée — la seule — qui* soit *(ou qui puisse être) ce qu'elle* représente *et qui* représente *ce qu'elle est* » (XIV, 182). Il faut savoir que le squelette abstrait d'« Agathe » s'est construit de notules sur quelque A φ (B), que le conte a souvent commencé sur de tels énoncés :

Soit A notion générale et $a_1 \, a_2 \, ... \, a_p$ faits particuliers dont A est l'invariant de sorte que $a_p = A_{oq}$, alors on a dans une 1ère phase

$$A = \varphi \, (a_1 \, a_2 ... a_p) \, t \qquad\qquad (C, I, 867)$$

Sur ces schémas, le Scriptor pose des objets, inscrit une « *épigraphe réelle : "Ici je donnerai des noms à telles choses"* » (*C*, II, 121). Il imagine une écriture cachant sous les allures de la syntaxe et de la narrativité ordinaires l'arbitraire d'une loi mathématique imposée, une règle stricte régissant un texte, une logique de l'invention déchiffrable comme un cryptogramme. Alors, sans transgresser l'ordinaire vraisemblance, *idée, étonnement, doute, habitude, oubli...* entreraient aussi dans le jeu de la machine abstraite, une table de groupe par exemple, comme s'ils n'étaient que de quelconques éléments A, B, C, N. « *Ces pensées ne sont pas mystérieuses. On aurait pu écrire tout abstraitement que le groupe le plus général de nos transformations* [...] *admet un* invariant. » (*Œ*, I, 1230). Au temps d'« Agathe », Valéry imagina d'actualiser ce que « Note et digression » dit comme un simple énoncé. Plutôt que réalisation vraie, ce fut rêve formel sans doute, qui sans stériliser l'écriture tua du moins la joie d'écrire par l'excès de difficulté. Il fallait coder le message, inscrire des algorithmes sous les mots, élargir les possibilités d'un dire en faisant parler au texte deux langues ; écrit en français, il l'est aussi « *en moi* » (f° 190 v°) soit selon la forme·propre de mon-Esprit. On s'exercera à lire en ce sens, vers lequel le texte à chaque instant fait signe, égrenant comme un rappel *groupe, transformations, calcule, additionne, éléments, composition...* Une herméneutique fonctionne si, un instant au moins, on regarde « Agathe » comme une « *analyse des transformations d'un être purement différentiel, composé d'éléments homogènes* » (*C*, I, 36). Valéry se donne ces éléments homogènes et affirme l'« *égalité des phénomènes mentaux* » (f° 136) par la réduction de toutes choses à la propriété de se substituer (voir *C*, I, 221). Le dossier dit cette démarche en termes assez voisins de ceux de la lettre à Fourment sur l'*Arithmetica* :

Je ne retiens maintenant, à peine, que les différences, les substitutions, le déplacement, la syntaxe de mes idées [...] Ce qui me sauve de leur variété c'est de les voir venir et disparaître par un petit nombre de manières. (f° 42)
[...] je pense que le nombre des opérations que subissent ces ph. complexes, directement insaisissables est limité ; [...].
(Corr.VF, 147)

Dès lors, pour qui va imaginer la « *construction suffisante de l'homme* » (*C*, I, 248), il suffit d'« *une suite d'objets qui se remplacent. Entre ces objets il peut y avoir diverses relations* » (229). « Le Manuscrit trouvé dans une cervelle » espéra parvenir à focaliser le jeu entier des structures et des interrelations de l'esprit. Au « *groupe noir* » (*AG* 1) qu'il évoque, on doit restituer une valeur mathématique, même si ce fut le lieu d'un espoir avorté. Sur l'hypothèse de base — « *J'examine un être pensant depuis t_0 jusqu'à t_1* » (*C*, I, 450) — le Scriptor tenta de mettre en récit la « Psychologique » en réglant les unités de langage par des relations rationnelles et symboliques, se composant elles-mêmes selon deux types de suites, la suite *formelle* [24] qui joue dans le successif et le temps, et la suite *significative* qui organise dans le simultané des éléments non séquentiels : « *Dans l'esprit ordre et succession sont différents, ainsi soit a_1 a_2... b_6 c_7 a_9... b_{12}. L'ordre apparaît seulement dans le significatif —* » (623). Le rêve « synthétique » dessine le formel par l'avancée de proche en proche, cependant que la démarche significative ouvre le jeu de la combinatoire dans l'espace de l'écriture. Dans le continu, la succession syntagmatique, et le discontinu, le « Manuscrit » voulut être un vaste calcul de relations. Sans doute sur ces bases bien des artefacts peuvent s'engendrer, les réflexions théoriques du dossier et des *Cahiers* le montrent : « *On sort peut-être de la série d'Agathe ab abab etc. parce qu'on forme (a + b) simultanément* » (484) ; ce sont hypothèses gratuites ou fantaisies de l'esprit. Mais l'important est ici, nous le redirons, l'ambition mimologique d'un texte qui prétend tout à la fois narrer une quête et inscrire dans la narration les résultats qu'elle procura. Pour dire en quelques mots l'essentiel : l'ensemble des relations AB, BC... CX constituant la sphère de la connaissance est assimilé à un *groupe de transformations géométriques* dont l'opération est la substitution et l'*invariant* le Moi, un Moi abstrait assimilé à une structure algébrique. Mais rien ici n'est simple et la quête décrite pas à pas n'a pas la ferme assurance qui guide l'homme universel, le « Léonard », dans sa marche vers la conscience pure. Des notes au crayon chuchotent parfois, au bas d'une page, l'incertitude. « *Pour moi je cherche les lois* » (fᵒ 51*bis*), « *je cherche mon secret* » (fᵒ 46). Mon secret, « *cet être spirituel solide* » (fᵒ 50), « *la relation simple,* [...] *la chose fixe* » (fᵒ 90) n'est sans doute pas une simple table de groupe. Il faudrait plusieurs grilles pour déchiffrer « Le Manuscrit trouvé dans une cervelle ». En 1929, Valéry rappelle qu'il envisagea de traiter le rêve d'Agathe comme un problème de topologie :

Cf. Agathe

Le degré de connexion de l'*univers de la conscience*, change selon que l'on y joint ou non l'*ensemble perçu ou ressenti*. [...] Or je pense que telle topologie est à faire, dans laquelle le *temps* et son rôle connectif figureraient.   (*C*, XIV, 183)

Un autre avatar scientifique inscrit dans « Agathe » le modèle, cher à Valéry, de la rotation. L'image de la « *nébuleuse laplacienne* » (*C*, VI, 584), de la centrifugation qui a pour centre un Moi s'introduit avec la dormeuse quand elle n'est plus bornée aux lois de série.

L'ancienne Agathe. [...]
Si on introduit une condition nouvelle — l'*altération* progressive de la perception de ce cycle à cause de sa répétition — l'habitude — la rapidité croissante de *rotation* — [...] ce cycle deviendrait pour elle une chose stable, un monde régi par une loi simple et certaine, un objet de plus en plus étranger — et par rapport auquel elle va tenter de *penser* — et s'éveille. (*C*, III, 106) [1903]

[...] j'avais conçu le conte de cette dormeuse qui tente de penser *par rapport* à son rêve *ferme*, qu'elle tend (à cause de la régularité périodique des images) à traiter comme réalité n° 2.

(*C*, XIII, 243) [1928]

La tentation de transposer des notions scientifiques dans le domaine de la psychologie est certes un trait d'époque. Valéry, comme d'autres, est hanté par le modèle newtonien, qu'il s'agisse du principe d'inertie ou de l'attraction. « *Self-variance $\equiv$ inertie* » (*C*, II, 203) dit une note de 1900 sous le titre « *Voici les faits recueillis par moi —* ». D'une façon plus explicite : « *Trouver le secret de la marche inerte des idées. Nulle ne peut d'elle-même changer son état de changement.* » (242). L'idée persistera longtemps après que Valéry eut noté dans le dossier d'« Agathe » son intention d'acheter les *Principia* et l'*Arithmetica universalis* (f° 182). Elle est toujours là en 1921 : « *Attraction newtonienne — Supposez qu'on trouve pour la pensée [...] une valeur d'indice universel analogue.* » (VII, 743). Valéry mérite peut-être la critique faite à des tentatives de son temps : « *L'alliance impure de Newton et de Locke suscita une psychologie atomique qui expliqua l'esprit (ou le fit s'évanouir en l'expliquant) comme étant une mosaïque de sensations et d'idées liées entre elles par les lois de l'association (attraction).* »[25]. En fait, la psychologie valéryenne importe ici pour ses conséquences génétiques, et le modèle scientifique pour son rôle fécondant dans l'imaginaire. On retiendra que le *plus je... plus je...* qui entraîne la succession des images et des opérations de la pensée est pour le Scriptor une force **abstraite, comme** l'attraction pour Newton, dont le *comment* seul, relevant d'un traitement formel, et non le *pourquoi* doit être considéré. La spécificité de l'énergie affective, moteur peut-être d'un rêve « vrai », ne saurait donc intervenir. Si la question *« Quel rapport entre une douleur et une... couleur ? » (XXVIII, 317) est si souvent posée, c'est pour définir seulement les opérations semblables qui les inscrivent dans la suite mentale, et l'analogie, à un signe près, de leurs signifiants. Le monologue d'une pensée ou d'un rêve est ici une suite mentale énoncée dans un langage formalisé ou qui cherche sa formalisation. Parti de l'homme réel, Valéry ne songe pas à aboutir à la « nature humaine » mais à une logique exprimant un petit nombre de lois. Il faut connaître les insolites scénarios de la narration valéryenne, les aventures de l'image ou de l'idée A : *« Elle dit : je suis — et puis s'en va... » (I, 916). « *Malgré tout, avant de disparaître, elle se précise.* » (209). Et l'on conclut : « *Le moi est l'identité du procédé suivant lequel nos idées s'en vont. Toutes passent par zéro — »* (II, 691). C'est l'histoire abstraite de la self-variance, du mécanisme de la pensée que Valéry cherche à comprendre par la construction d'un modèle, par un processus de modélisation. Tel est du moins le sens du récit si l'on regarde du côté du calcul. Le Scriptor cependant déclare : *« Je navigue ténébreusement entre le souffle et le calcul » (f° 57 ; cf. *C*, II, 186).

Quand, après plus de quarante ans, dans un projet destiné aux *Histoires brisées*, Valéry reprendra brièvement le projet d'un conte du rêve, il l'appellera « La Toupie » : « *La Toupie (ex Agathe) ou le cycle de Lulu* » (*HB*ms II, ff. 38—60). Au modèle algébrique, à la notion mathématique de loi des séries, il substitue alors le modèle mécanique d'un solide en mouvement. Resté à l'état de bref schéma en

9 points, ce texte montre que vers 1940 l'idée initiale d'une synthèse du rêve est toujours présente, et il indique les choix définitifs de la pensée.

> [...] 5° L'état dormant de toupie. Énergie interne. Régime. Institution du cycle. *Stabilité*. Équilibre stationnaire. ← |Rotations la terre vertiges —|
> 6° Production du rêve *gyrostatique* [...]
> ← |Stabilité du cycle associatif [...] Toupie — Cycles d'Helmholz, mouvement perpétuel.|

Cette étrange métamorphose de la Sainte du sommeil en toton révèle la part de plus en plus grande faite au mouvement et à l'imagination rotative dans la description du rêve et de la conscience. Elle prouve la permanence d'une recherche qui se poursuit toujours dans les voies parallèles et souvent confondues du modèle scientifique et de l'image concrète rêvée exacte. Le problème peut se nommer d'un titre valéryen : « Poésie et pensée abstraite ».

nuit de Teste

> « *Je pourrai alors, s'il plaît au temps, tripatouiller* Monsieur Teste *ainsi : 1°* La Soirée *; 2° l'ex-commencement d'*Agathe *qui ferait l'intérieur de la nuit de M. Teste* [...]. »   (II, 1388)
> [Lettre à Gide, juillet 1912]

On entre à pas de loup au domaine du songe. Nul témoin de soi-même ne vient dire ici que *je rêve*. Devenue « nuit de Teste », « Agathe » eût pu sans commentaire s'enchaîner sur la simple sortie de l'Ami, qui joue au vrai souvent le rôle de la *consciousness*. Être éveillé se dit aussi « *je* dédouble » (*C*, XVI, 28), mais le sommeil n'admet pas le *je me*. C'est le vase clos de la solitude, où l'on n'est même plus dans la mauvaise compagnie de soi. Si je m'élève d'un degré quand je pense que je pense, le *je rêve que je rêve* laisse *je* dans le même plan. Le réveil seul peut dire : « j'ai rêvé », non la parole de la nuit, dût-elle affirmer : « *Alors ressemblerais-je à celui qui dort, si je ne l'imitais point.* » (*AG* 3). Le rêve limite serait celui que nul geste ne peut renvoyer aux ombres, et qui ne s'annule pas : ce « Manuscrit » peut-être dont les lettres de phosphore ont scintillé sur la mer ténébreuse.

> Un tel rêve se passerait au lit dans la chambre et le lit même où l'on a vraiment dormi.
> Si on rêve qu'on a dormi sans rêver — dans son lit — comment savoir qu'on a rêvé ?   (f° 130)

Dès lors d'ailleurs que l'effet de réveil ne s'inscrit pas dans le texte, que nul « changement de phase » ne s'y signifie comme tel, on reste dans une sphère d'intériorité qu'on peut appeler au choix songe ou attention. Formellement, il n'y a pas de différences essentielles, et c'est ainsi que le projet d'étudier l'intelligence et ses états exceptionnels peut prendre pour véhicule l'état où la conscience est absentée : des « *rêves expérimentaux* » (f° 109) construits à partir de leurs confins où s'installent les simples jeux de la scène : « *Le rêve (théâtre) commence par rêve parlé puis la figuration.* » Plus simplement encore, comme si le flacon pharmaceutique et sa promesse : « *Dans peu d'instants, je dormirai.* » (II, 24) ne suffisaient pas à Teste, une notation réaliste peut inscrire « Agathe » parmi les exercices à l'origine autant spirituels que thérapeutiques : « *Combattre l'insomnie en pensant comme dans le rêve.* » (f° 136). Dès lors, et si l'un des caractères clés du rêve est que tout y change sans cesse et que rien ne s'y peut fixer, l'insomniaque et l'écriture développeront mêmement le Cogito de la self-variance qui doit préciser pour se dire le lieu et l'heure de son énonciation. « *Plus je pense, plus je pense* [...] *je suis changeant dans l'ombre, dans un lit* » (*AG* 1). Le leitmotiv du changement perpétuel a supplanté bientôt d'autres incantations hypnotiques : « *je suis baignant* » (f° 14), « *je suis riant dans l'ombre* » (f° 16). Trop concrets, trop loin des indispensables « *choses ennuyeuses* » (f° 131 v°), le rire et le bien-être d'une tié-deur aquatique — « *pour s'endormir il faut de la tiédeur (moyenne) du calme* » — sont proscrits par la variation nocturne sur le thème du *je suis étant et me voyant*.

Ainsi se résument les cycles du Même : *étant, me voyant, changeant*, et ainsi de suite..., à mettre grammaticalement en paradigme (nulle trace ici du masculin). C'est dans la généralité que se pose d'abord le thème, et dans la nuit qui efface tous les contours. L'espace, le temps et l'inscription historique sont réduits au minimum. Une rumeur de ville, une réminiscence d'écriture et le dormir dans un lit com-posent toute la civilisation, et même la seule attache au concret : « *plus retenu à l'endroit que par* ce lit » (f° 147). On est dans ces moments où le mouvement n'est plus rien que le rythme vital, où la parole se soutient comme le souffle le fait : « *je suis mû seulement* [...] *par la continuation de ma vie* » (f° 97). Plus de Témoin supposant un spectacle, mais une unité de sujet et de lieu : « *une situation du* narrateur-théâtre » (f° 114), qui donne la parole à un phénomène men-tal devenu conscient de lui-même dans l'instant où il se produit. On n'oubliera pas cette originalité, même si la conti-guïté de Teste est sensible, comme aussi l'auto-référence méthodique que les *Cahiers* érigeront en règle. Le « *rêve de moi* » (f° 112) que les schémas inscrivent dans le premier temps du conte pourrait, n'était la distanciation du style, prêter à confondre le sujet du texte et celui qui écrit, voire, par un effet d'osmose, celui qui écrit les *Cahiers*.

Le conte en effet et le *je* du *je pense* posent la question de l'énonciation et du sujet parlant. Dans la situation simplifiée à l'extrême qui se dit *je suis dans l'ombre, dans un lit*, elle se réduit vite à une autre : masculin/féminin ? Le titre d'abord choisi et rétabli par l'édition, l'image de la sainte Agathe, suggèrent parfois une réponse que la grammaire du texte dément. Si fort le mythe de la femme que l'écriture critique en est facilement hantée. Ainsi Octave Nadal : « *La Sainte du Sommeil, lucidement descendue comme par degrés au plus nu du minuit de la conscience, veille sur le pôle nocturne de la pensée.* »[26]. Ainsi Ursula Franklin[27]. Cependant, imaginer un énoncé laissant entièrement dans l'indécision le sexe de l'énonciateur peut être une convention difficile : une disparition du plus fort des marquages, révélant d'autres possibles (ou l'impossible) du discours. Il faut proscrire tout qualificatif, tout acte, toute situation (telle celle du Témoin, nécessairement un Testis) dont le genre est grammaticalement ou idéologiquement marqué. Il faut faire de la nuit anonyme l'espace d'un *je parle* situé dans le seul temps de l'organisme réduit à la mécanique vitale. Sous le titre « Manuscrit » qui ne prénomme pas, on peut s'essayer à lire ainsi bien des paragraphes du texte, notamment son début avant de rencontrer le « *perdu que je suis* » (*AG* 2). Les premières mises au net esquivèrent d'ailleurs le marquage et le choix du discours masculin. Il faudra attendre *La Jeune Parque* pour qu'une voix clairement féminine énonce en le vivant de quoi se tisse le changement d'une conscience une nuit durant. Ce rôle de rêveuse demeuré vide vers 1900, parole d'une âme incarnée dans un corps qui dit la spécificité de sa physiologie, est un des plus anciens germes du poème. Au verso d'un feuillet (f° 15 v°) une brève note met un possible en place : « *Voix. Agathe. la femme* ». Mais ailleurs le Scriptor précise qui parle ; c'est la « *Voix intérieure*

— pincée et classicisée » (f⁰ 150). *Classicisée.* Le *Que peut un homme ?* a sans cesse conduit Valéry vers un classicisme gommant toute particularité, conçu comme une universalité ouvrant l'œuvre à tout lecteur capable de s'en faire le sujet actif, de suivre et prolonger le chemin de l'art inductif. « Agathe » voulut être l'avènement de l'abstraite voix d'une pensée sans autre origine, une fois toutes les déterminations effacées, que l'universel possible : celle du Moi/Homo, détenant l'énonciation totale, ou d'une sorte de sujet sans visage de la logique, attentif pourtant au timbre vivant du discours intérieur. Sous un prête-nom — Descartes — Valéry parfois a dit son propos : « [...] *épurer,* [...] *retracer de près,* [...] *articuler très nettement la voix immédiate* [...] *qui nous enseigne premièrement à nous-mêmes toutes nos pensées, et qui se détache en silence de notre attente dirigée.* » (I, 789). Ici l'universel doit transcender le particulier, et même cette distinction la plus générale qui se dit *il* ou *elle.* La parole est à l'être humain.

Alors d'où parle-t-on, ou bien de quoi ? Les *Cahiers,* sous diverses formes, ont répondu *de Moi.* En 1934 un « nocturne » résume « Agathe » :

> J'éteins. J'attends la disparition de moi. Je ressens mon corps, ses membres, l'étendue de contact, de poids, d'élongation ; et je subis des naissances d'idées, leurs effets très différents, différemment excitantes, gênantes, — etc.
> Alors paraît aussi la plus générale, le *Moi de ce moi,* qui s'oppose à chacune et à toutes — leur ôte enfin leurs valeurs de représentation pour [...] les égaliser toutes en tant que *produits locaux.* (C, XVII, 282)

On pourrait entourer d'une masse de semblables reprises le texte inachevé. Elles expriment la nostalgie de l'écriture, et la recherche d'une forme essentielle où crut pouvoir se dire la pensée, depuis son mode le plus simple, réflexe, pure réponse aux phénomènes, jusqu'à son entière extension qui serait un MOI = TOUT. « Agathe » est le conte des cas limites — rêve, coup d'œil total — où le sujet n'est pas installé en position de spécularité, non dédoublé par le récit en un *je/il*, mais sans image ni reflet, un *je* sans « *antistrophe* psychologique » (*C*, VII, 144), simplement symétrique de, ou égal à ce qui apparaît. Du minuit au « *midi admirable de ma présence* » (*AG* 11) : l'idée en fut peut-être donnée en 1890 par Fourment, réinventant à sa manière le « Conte vraisemblable » (voir *Œ*, II, 1416) : « *Ne trouvant pas de résistance en cette âme vide, cire molle et docile, l'Idée opère et se réalise par sa propre force. [...] sous l'influence d'une Conception et à sa ressemblance une âme nouvelle prend forme, et les éléments anciens se disposent en un ordre nouveau — création mystérieuse d'un être par une idée !* » (*Corr.VF*, 106) [28]. Cette conception qui rend autre, c'était dans le « Conte vraisemblable » l'idée de la mort. Le rêve doit ici jouer le même rôle, celui d'un fixe par rapport à quoi se posera enfin un moi. « *Le rêve répété d'Agathe devient dur comme une corde enroulée. Plus il y a de tours plus elle est dure.* » (f° 112). Entre la stabilité formelle du cycle et les incessantes transformations qui le constituent, s'instaure la relation peut-être créatrice d'un sujet. Appelons l'Idée fixe non pas la mort, mais l'Ennemi ; ajoutons à l'ensemble des autres idées le qualificatif *militaires* : c'est l'article du *Mercure de France* (XXIV, oct. 1897) (II, 1446—8) où l'on découvre que « *l'éducation et instruction des troupes* » peut s'exposer comme un problème de psychologie : « *Je laisse au lecteur le problème très général de rechercher ce que devient le penser continuel de l'individu, lorsque quelque condition invariable s'y impose et par un retour incessant se retrouve dans toutes les associations possibles, les alté-*

rant une à une ; elle, ne s'altérant pas... » (1447). On trouvera là une preuve encore du très haut degré de généralité où le thème d'« Agathe » s'inscrit.

Devenu vite l'incipit du texte, le « *Plus je pense, plus je pense* » (*AG* 1) pose le mouvement autant que la pensée. Si la dernière sensation venue à la conscience détermine le présent, Valéry choisit de placer au départ l'énergie, le dynamisme du vivant qui lance la machine d'écriture, répondant peut-être, dans cette parole nocturne qui prétend mettre au jour le travail analogue du rêve et de l'esprit créateur, au vieux problème de philosophes : Si l'âme pense toujours ? Si le sommeil sans rêve n'est que l'oubli du songe ? Locke invoquait la sagesse divine pour refuser cette hypothèse : « *Des caractères tracés sur la poussière que le premier souffle de vent efface [...] sont aussi utiles et rendent le sujet aussi excellent que les pensées de l'Âme qui s'évanouissent à mesure qu'elle pense, ces pensées n'étant pas plutôt hors de sa vue qu'elles se dissipent pour jamais, sans laisser aucun souvenir après elles,* » (p. 68 [29]). Valéry qui veut nommer *inconscient* le temps de l'absence, et installera avec les obscurs travaux de l'*implexe* la continuité de la vie mentale, tire des « *mourantes formules* » (*AG* 2) écrites sur les eaux l'essentielle leçon de mouvance. Il faudrait inventer le rêve et la vie nocturne de l'âme, même si le souvenir n'en pouvait rien retenir, pour combler une lacune de la représentation totale, comme l'homme ordinaire invente le génie. Ici se noue donc, dans l'ambiguïté ordinaire du *plus je... plus je...* valéryen, le double thème du mouvement perpétuel, de l'excitation régénérescente propre à la dynamique esthésique dont la vie de l'esprit est un cas particulier, et de l'accroissement ou de l'affinement ; de l'absorption de la pensée en elle-même, au plus loin du réel senti. Là, le leitmotiv « *Plus je pense, plus je pense, — mais à autre chose* » (f° 13), attaché au premier « Léonard »[30] : « *Dans ces passe-temps, qui se mêlent de sa science,* [...] *il a le charme de sembler toujours penser à autre chose...* » (I, 1155) ; ici, le « *Pensons de tout près* » d'Edmond Teste (II, 25).

Affirmation claire de l'instabilité liée à l'Esse de l'Homo — en termes valéryens, de la self-variance —, le *je suis changeant* qui se substitue vite au *je pense* a valeur ontologique, explicitant un attribut d'une substance sous une forme plus économique, plus proche de l'immédiate saisie intuitive, que ne le ferait un *je suis donc je change* (ou vice versa). Généralisant le *je suis* [...] *et ainsi de suite*, jusqu'au « *Sequor et... sum !* » (C, XXIX, 7) il n'ouvre pas simplement la suite indéfinie des métamorphoses oniriques. Exemplaire ici comme sur d'autres points, le rêve grossit seulement une loi fondamentale :

Pourquoi Thought change-t-elle ? Pourquoi doit-elle changer ? Concevons-la comme une suite d'équilibres. [...] une fois atteint un certain équilibre $A + B + C = 0$ il y a la propriété de constater que dans un nouveau système qui s'ajoute au 1° l'équilibre n'existe plus et qu'il faut en réaliser un autre. C'est en quoi consiste la self-variance des états mentaux. (C, I, 238)

Plus brièvement : « *penser = varier* » (C, I, 59). Cette « *rature indéfinie* » (323) qu'est la pensée ne peut qu'aller de l'avant, toujours altérant, effaçant, chassant avec la sensation pleine la réalité fixe du monde qu'elle remplace par l'incessante variation de ses propres productions. « *Quand je regarde un objet — je n'y peux pas penser.* » (59) ; « *un grand point est que pour penser à une chose, on la supprime* » (250). Si la découverte de la self-variance est une révolution copernicienne à la Kant, « *égale à celle du mouvement de la terre* »

(623), il faut d'abord mettre « Agathe » sous le signe de cet immense mouvement. Loi inéluctable : « *Ce groupe tournera, changera, et change* » (f° 90) ; désespoir : « *La pensée multiplie en vain ses êtres, et par millions les enfante et se change, elle les détruit par force. À chaque nouveau, elle n'arrive pas à...!* » Plus simplement, mécanisme que les brouillons décrivent avec précision :

elles sont de la pensée. Or pour y penser je dois les altérer.
(f° 15 v°)

Toutes ces formes et ces variations sont toute la pensée et de changements en changements constituent chaque invention sentiment etc.
(f° 14)

Tout ce que je vois distinctement c'est se détruire ce que je pense, parce que j'y pense. [...] Comme la gaieté s'en va dès qu'on rit.
(f° 18)

Pour se dire avec plus d'ampleur, le thème de la mobilité/altération se déploie dans « Agathe » (*AG* 2) à travers des variations sur la métaphore de l'écriture : lettres de phosphore, comme le *mané, thécel, pharès* de l'esprit, mais « *écritures sur les eaux* », comme dit Platon dans le *Phèdre* (276c) [31], où nous disons sur le sable ou bien la poussière.

D'ici toute une tradition semble tracée sur le sable   (f° 98)

dit éloquemment un brouillon raturé.

j'écris ⁺|avec mon esprit| comme avec le phosphore de mourantes formules et quand je suis au bout, près d'y réfléchir, je dois toujours les tracer encore, car elles sont déjà la réflexion |même| et elles s'endorment à mesure même que |*j'allais je j'y pense*| je suis ⁺|je vais y| pour y penser, puisque cette pensée c'est de ⁺|ce n'est que| de les changer.
(f° 15)

Si les *Cahiers* disent souvent que le *je* du *je pense* n'est pas plus signifiant que le *il* du *il pleut*, la nuit exemplaire de Teste déploie les variations qui conduisent de l'apparence d'un sujet *cogitans* à l'affirmation *moveo*, ou plutôt *moveor* : « *je suis mû par quelques moments autour de la même pensée* » (*AG* 8).

un reste léger du jour brillant, pensé, presque pensant.   (*AG* 1)

la perte monotone de pensée me prolonge, et m'oublie.   (*AG* 2)

je distingue se détruire ce qui pense jusqu'à ce qui pensera. (*AG* 3)

[Les idées] montent, [...] mystérieusement mues   (*AG* 11)

Ce qui se découvre alors c'est l'existence d'une force sans visage comme l'attraction : il y a mouvement ; il y a changement. La variance répond à la question qu'on énoncera encore, par commodité, dans les termes de Locke : « *Il ne me souvient pas d'avoir remarqué que ceux qui nous disent que l'Âme pense toujours disent jamais que l'Homme pense toujours. Or l'Âme peut-elle penser sans que l'Homme pense ? Ou bien l'Homme peut-il penser sans en être convaincu en lui-même ?* » (§ 19 ; p. 72 [29]). « *Le sommeil continue n'importe quelle idée...* » disait Monsieur Teste (II, 25) ; « *l'une quelconque* » achève « Agathe » (*AG* 11), et le cycle pourrait se boucler ou recommencer *da capo* : « *Souvent je ne distingue plus ma pensée d'avant le sommeil. Je ne sais plus si j'ai dormi.* » (II, 24).

Recommençons. « *Je pense, et cela ne gêne rien.* [...] *Pensons de tout près.* » (Œ, II, 25). « *Plus je pense, plus je pense* » (*AG* 1). Du point de vue narratif, les deux textes s'enchaînent presque sans une pause : discret rappel, s'il en faut un, qu'il y a ici un homme en repos dans une chambre, observant sa douleur au lieu de s'en divertir... « *Penser* de plus près... » notent les *Cahiers* de 1894 (*C*, I, 64) avec cette référence « *Pascal 59* ». On reproduira le dialogue des textes : « *Mais quand j'ai pensé de plus près* [...] *j'ai trouvé* [...] *le malheur de notre condition faible et mortelle, et si misérable que rien ne peut nous consoler, lorsque nous y pensons de près.* » [32].

Plus touchante, plus voisine que le triste éclat jeté par Pascal, aux Pensées, sur les dimensions de l'homme, est la considération du changement de notre idée. Ce raccrochage, et hasardeux et limité, dissimulé ou terriblement évident déconcerte. Rien de définitif. Rien que de particulier. Pour quoi, la logique a un caractère externe, résistant — et *écrit*.   (f° 90)

Le divertissement d'un Valéry/Teste se fonde sur le « négatif » du texte pascalien. Penser de près — « *il voyait les choses de tout près* » (*C*, I, 139) —, jusqu'*au fond* est la méthode qui doit conduire à la découverte des lois, par la décomposition des phénomènes en éléments simples : par là peut-être à la maîtrise de l'esprit, à l'abolition du hasard, de l'accident. Au-delà, ce serait l'exhaustion du sujet remplacé par sa pure structure, ou l'énonciation de la simple loi à laquelle se réduirait enfin le mécanisme de l'entendement. Comme finale du Conte abstrait, on pourrait imaginer l'extase de « Mahmoud », étendu sur le dos au sommet du mont :

> [...] et il vit et il pensa :
> Et il voulut fortement connaître la loi et le principe, et il les devint.
> Il regarda des yeux le haut du ciel et en même temps toutes les formes dans son esprit. [...]
> Tout ce qui entrait dans son esprit prenait le mouvement et la force et prenait une force propre.   (*C*, I, 735)

Les voies parallèles qu'emprunte l'âme rêveuse ou bien à l'extrême attentive mènent enfin au *fond* : « *profonde distraction* » de Teste (*Œ*, II, 27) ou bien endormement d'« *Une profonde enfant* » (*JP* [447]) :

Penser jusqu'au fond.
C'est-à-dire poursuivre cette pensée jusqu'à une *transformation totale* de toutes ses conditions — mais cette transformation totale qui donne la limite et l'état final d'une pensée doit être pratiquée par une voie rationnelle, en annulant au passage tous les symboles, toutes les irrationnalités —
Alors on découvre finalement le groupement de fonctions simples, requis.   (*C*, II, 875)

Nous reviendrons sur cette mystérieuse *profondeur* que prend en charge le leitmotiv du « *je touche mon fond* » (f° 90). Pour le psychologue, la lumière éclairant l'approche extrême du sommeil fait entrevoir la réponse à une question de méthode : « *découvrir le point où on doit s'arrêter dans l'analyse — car il est bien inutile d'approfondir au-delà de ce qui est net et se présente sous la forme d'une représentation d'opération* » (*C*, II, 877).

Le rêve cependant est ce moment où on regarde « *de trop près* » (*C*, IV, 579), microscope ou étude par l'infinitésimal, qui substitue au discontinu apparent de la veille la *continuité* essentielle (le *natura non facit saltus*), grande règle leibnizienne dont Valéry a fait un leitmotiv majeur du premier « Léonard » : tout semblable, ce continu du rêve, au geste du « *géomètre aveugle dont le doigt une fois posé sur le fil et l'arête ne la quitte plus. Il est tout guidé en soi-même* » (589). Assurément le rêve met en évidence une loi structurelle, celle des tropismes propres aux éléments mentaux dont, hors de toute référence à l'histoire du sujet, Valéry fait le principe du libre mécanisme associatif. Une « relation rationnelle » conduit d'une image à sa ou ses suites, presque calculables *a priori* : « *Une fois que tel état est donné tel autre s'ensuit* — » (I, 586). Ce qui peut se représenter par une « *fraction continue* » (XVII, 723), mimée dans l'écriture par la construction d'un tissu textuel très serré dont « Agathe » est le modèle, grossièrement indiqué dans les *Cahiers* : « *Le ciel* est *bleu* ; *ce bleu* est *vert* ; *ce vert* est *arbre* ; *cet arbre* est *marbre* ; *marbre est marche.* » L'« Introduction à la méthode » avait d'emblée élaboré sur semblable trame de prestigieuses variations. Le lecteur du Conte abstrait se souviendra que le continu est aussi « *une manière de noter* » (II, 126). À l'objection plus tard souvent faite aux freudiens et au principe du rêve remémoré — le langage ne peut pas plus prendre en charge les productions oniriques que la règle épouser la courbure — le rêve « synthétique » ou « expérimental » a d'avance proposé une réponse : il faut non reproduire mais représenter, imiter, non pas dire. Et aussi, parce que les extrêmes s'équivalent, construire dans l'état de parfaite lucidité, d'entière maîtrise du langage, l'état d'absolu dénument qui exclut langage et lucidité. Dans un domaine où tout est égal, où s'équivalent le monstre et la peur, son et sens, forme et matière, où le passage est possible en tous sens, la « symétrie » qui définit le plus haut degré de l'esprit pourra découvrir son reflet.

Mais que se passe-t-il vraiment au plus près, sinon cet endormement ou cette hypnose qui voient le jeu se jouer comme seul ? « *S'endormir* [...] *c'est penser peu à peu les choses très proches, céder la différence, laisser les sensations composer d'elles-mêmes*, laisser *PENSER les éléments* [...] *par eux-mêmes, et nos parties. Alors des lois non pas nouvelles, mais masquées pendant la veille se déclarent.* » (*C,* VIII, 490). C'est l'instant du jour « *pensé, presque pensant* » (*AG* 1), celui où l'absorption dans les variations mentales conduit aux « *plus petits ordres de grandeur* » (*C,* VIII,

490). Se situer au niveau quasi microscopique, ce pourrait être laisser la parole à l'inconscient. Chez Valéry comme chez Freud, *il* ou *ça* parle mais non de la même façon. L'inconscient valéryen est celui de la philosophie classique, que Leibniz définit par le règne des « petites perceptions ». Ce qui dans la veille s'inscrit à l'insu du sujet conscient, masqué par les objets prioritaires, profite de l'effacement du monde pour apparaître. « *L'inconscient se souviendrait de choses qui sont oubliées par le conscient* » (f° 160). Il manque alors la pensée active, avec la critique, « l'asymétrie » qu'elle introduit, et « la sensation de moi agissant ». Cet état inaperçu mais qu'il faut nécessairement introduire dans une représentation complète, cet « imaginaire » au sens mathématique, « Agathe » s'efforce de le prendre en charge et d'en construire la figure. Là devrait se montrer « *l'identité des choses différentes* [...]. *Ces choses ne sont en somme que substituables —* » (*C*, I, 221). On verra se dérouler une suite : « *Par exemple — arbre, ciel, mer, navire, astronomie* » (f° 160). Observée avec une accommodation sans recul qui dissout les particularités propres, la pensée se trame de transformations et de substitutions illustrant le *je suis changeant* ; changeant, c'est-à-dire baignant dans le temps : « [...] *une sorte de fluide qui transporte, altère tous les objets, les dissout, les recompose et les analyse, comme le bain chimique ou l'eau mère de tous les événements connaissables.* » (Œ, II, 1454-5).

Valéry répétera bien plus tard que « *l'analyse du changement vrai* [...] *est* essentielle » (*C*, XV, 438), posant l'équivalence « *Temps ≡ contrainte de changement* » (435). À l'époque d'« Agathe », il publie dans le *Mercure de France* de mai 1899 un article sur *La Machine à explorer le temps,* qui est non un compte rendu de l'ouvrage de Wells, mais un exposé de recherches propres très cohérentes qu'il faut verser comme un document clé dans le dossier du texte. Ramenant

le principe de contradiction au *principe d'incompatibilité* —
« *"Une chose ne peut, en même temps... être et ne pas être"* »
c'est-à-dire : « *On ne pense pas à tout à la fois.* » (Œ, II, 1456)
—, il ouvre la voie à la logique du rêve, celle des micro-temps
et des plus courts chemins. Il fonde l'espoir d'une « *psychologie formelle, venant entourer et situer la Logique formelle* » (1457).

La question du changement se pose donc, comme la clef de toute
psychologie utile, et il est inévitable de se demander comment
s'opère la variation de la connaissance, quelle est la règle universelle des altérations ou des transformations d'un état de
conscience, soit qu'on le regarde comme comprenant à la fois
des données externes et des phénomènes purement mentaux, soit
qu'on se borne à l'un de ces mondes.   (Œ, II, 1457-8)

Ramené à une succession de changements qui, négligeant
la spécificité des états A et B, ne prend en compte que l'opération de passage, la vie mentale paraît alors n'être plus que
le temps, défini comme « *l'ensemble des changements* [...]
*composé d'impressions identiques, parfaitement détachées
de tout objet* » (II, 1458). La conception d'« *un système de
notation ou d'écriture de la connaissance* », ce que voulut
être le « Manuscrit », indiquée dans l'article « *à titre de
fantaisie* », montre assez clairement que la théorie implique
sa mise en pratique. « Agathe » emprunte même aux pages
sur le temps quelques lignes purement théoriques sans autre
ajustement qu'une modification de l'énonciation : « *Tu te
connais à reculons.* » (*AG* 6). Dans le paragraphe central,
cette interpellation, comme une voix venue d'ailleurs, introduit la distinction que l'article du *Mercure* établit pour
compléter la simple notion de changement : « [...] *quelque
chose qui différencierait en antérieur et en postérieur les
termes en présence, et qui figurerait cet aspect saisissant des*

choses temporelles dont nous semblons nous éloigner à reculons, nous mouvant dans une direction opposée à celle où nous y voyons. » (II, 1459). Le « *chemin de moi-même vers demain* » (*AG* 5) est dans cet intervalle/interrogation entre l'avant et l'après, ou « *ce que je sais* [et] *ce que j'ignore* » (*AG* 7). L'esprit cependant a rêvé de mettre en balance, d'égaler un « *nombre fini* » — « *Une fois, j'avais réfléchi sur un nombre magnifique de sujets* » — et « *une masse tout entière prochaine* » qui ne comptent ni ne pèsent plus. « *Tout ce que j'ignore vaut tout ce que je sais, — d'ici, —* » (fᵒ 35). La géométrie intime a cru réduire le temps à un point, pur éclat de temps, « *Temps — substitution* » (*C*, I, 312), « *Temps mesure du changement* » (212), temps qui a la brève illusion de l'espace et de la libre réversibilité. Ce moment de lucidité est une coupure que souligne une note de régie : « *à reculons naviguant, — je me retrouve — (Ici la lucidité intervient* [...]*)* » (fᵒ 34). Il vient

détruire du souvenir l'ordre |*et la ligne*| (fᵒ 64)

autant que le calcul de l'avenir. Plus d'attente — « *Absente est l'attente* » (*AG* 4) —, plus de surprise dont « *les ressorts* [...] *sont détendus* ». C'est l'instant de balance où, d'une pensée, l'on peut aussi bien « *couper la suite* » (*AG* 8) que « *simuler un certain commencement* ». Il est au choix surplomb ou dérive, « *dérive* [...] *aussi près que je voudrai de l'abandon rigoureux au songe* » (fᵒ 30). Ce « *moment de moi* » (*AG* 3) est l'« *heure qui ne compte pas* », celle de l'« *Ego vir videns...* » (fᵒ 3) qui peut dire : « *Déjà les transformations sont toutes visibles* » (fᵒ 64) ou mieux : « *Visibles, déjà, sont toutes transformations* » (*AG* 4). Les tâtons de l'écriture montrent l'hésitation entre l'affirmation de l'entier pouvoir ou de son illusion :

58

Je vois donc ce rien de temps qui est la partie ⁺|l'élément nul|
de l'intelligence et cet autre rien qui en est le tout
Ce rien de temps qu'il faudrait pour unir les instants, manque
à chaque instant   (f° 62 v°)

Ce bref scintillement temporel, entre l'imminence et l'avènement, ce *rien de temps* ou *temps/rien* s'inscrit enfin seulement dans les paraphrases qu'en donne le désir ou l'imagination. Comme la « *loi étonnante* » (*AG* 8), la perle, la
« *grande clarté, à jamais latérale* » ou la créature si satisfaisante « *extrêmement désirée* » (*AG* 9), il manque ; à sa
place, un *je suis* qui dit *je poursuis* : « *je poursuis douce-*
ment la durée de la destruction d'une suite de semblables
foyers [...] » (f° 21).

Et ainsi de suite... Car telle est la réponse à la question
qui transcende, puisqu'elle est commune à tous quels qu'ils
soient, celle des phénomènes mentaux : *« Imaginer du
temps ? » (*C*, I, 485). On ne peut que rejoindre le fil de la
durée, qu'être « *conduit à attraper une certaine suite toute*
prête et à dérouler ». L'expérience vécue ignore la « *fixité*
splendide » (*AG* 9), et la série s'y déroule indéfiniment. Ima-
ginant d'être le calque simplifié, la représentation élémentaire
de la plus haute vie de l'esprit, le rêve avec ses séries
cycliques a fait naître l'hypothèse que vient enfin l'instant
où l'on en *sort* : « *On sort peut-être de la série d'Agathe*
ababab etc. parce qu'on forme (a + b) simultanément »
(*C*, I, 484). Le projet d'une sommation des idées, possible
dans le simple — « *ajouter toujours ce que je pense à ce*
que je pense » (324) — est définitivement exclu dans le multiple qui croit former une totalité : « [...] *je voudrais jouir*
de toutes mes pensées à la fois, dans le même instant. C'est
absurde. » (173). Absurde, hors de prises, cet instant, ce
« *grain d'avenir* » (f° 171) qui permettrait de composer tous
les instants dans « *une grandeur nouvelle* ». À la place une

« *perte de pensées* » : « *La durée semble une longue perte de la force de savoir* » (f° 62 v°). Comme Teste cite avec lassitude « *les longues suites de noms de nombres* » (Œ, II, 23), ainsi fait l'esprit de ses phénomènes, enchaînant ses phases sans solution de continuité.

la question du pouvoir

« *Il n'est pas de minute où je ne puisse
poser la question* »   (f° 99 v°)

Enquête sur l'esprit, espérant saisir à travers la pratique de l'écriture son acte, « Agathe » pose avec la *Soirée* la question du pouvoir et paraphrase longuement le *Que peut un homme ?* Que peut-il, dans son esprit, avec ses signes ? Plus que celle de l'origine ou du terme qui y sont seulement impliquées, l'interrogation majeure porte sur le *réellement* possible c'est-à-dire faisable. Cette préoccupation, affirmée dès lors, ne cessera pas. « *Théorie du pouvoir — c'est-à-dire d'un sentiment de l'expérience Facilité. difficulté — — et des liaisons (attente, calcul, etc.)* » (C, II, 259). L'enquête sur le pouvoir passe par des expériences mentales précisément détaillées dans les notes de travail : d'abord celle du plus et du moins, des variations possibles, ou de l'accommodation, de la connaissance, de la possession d'un savoir ou d'un savoir-faire :

Je sais cela (ou faire cela) — je vois *ceci*, j'ai *coutume* d'être tel à l'égard de *ceci* — je suis différent, je suis de nouveau tel — et avec augmentation de quelque chose. 1° je sais ceci — (ou faire ceci) 2° je le sais moins (ou moins bien) 3° je le sais mieux.
(f° 12)

Telle est l'opération minimale de base, le b a ba de l'esprit qui veut recenser ses gestes et ses moyens, en cherchant d'abord les plus simples. Dans cette forme générale, toute idée ou image précises viennent se mettre à l'épreuve. La question du pouvoir passe par le « *comment ?* », par la mesure de la distance qui doit se parcourir pour conduire « *tous les êtres connus* » (*AG* 1) au degré « *mieux connus* ». L'écriture du texte mimera la démarche, donnant une réponse philosophique implicite. On opère « *sur toutes choses mentales — même les abstraites en les faisant comme sensibles* [...] *de sorte que — quand elles ne sont pas sensibles — on doit les simuler telles — pour les* manier » (*C*, III, 183). Soit donc nommé l'acte fondamental du pouvoir de l'esprit : « *Passage de l'obscur au clair* » (fᵒ 179) et vice versa. C'est un des plus solides fils de la trame textuelle.

Peu à peu se crée la notion des états successifs d'une même idée, obscure puis claire — Je comprends qu'il y a 2 mondes — Le second a des *lacunes* (fᵒ 175)

D'autres feuillets distinguent, parfois avec schémas et calculs, les domaines « *avec représentation* » (fᵒ 176) et « *sans représentation* » c'est-à-dire aussi « *sans nombre* » et « *sans universaux* » : autrement dit celui de l'intellect et celui de l'esprit ou de la connaissance ordinaire (voir *C*, II, 169).

Dès lors on peut lire « Agathe » comme un exercice de la volonté de puissance : l'histoire de l'homme maître de ses pensées, ayant relégué une Tristesse qui sera l'héritage de l'Ange. Le regard ici est sans larmes. C'est le règne de l'esprit « abréviateur » qui peut dire « *Supposons ces sentiments — résolus* » (*C*, III, 15). « *Les sentiments* [...] *montrent leur mort uniforme* » (*AG* 4). Il y eut une fois quelqu'un qui « opérait *tout* » (*MT*; II, 19) : « [...] *pouvant couper et dévier, éclairer, glacer ceci, chauffer cela, noyer, exhausser, nommer ce qui manque de nom, oublier ce qu'il voulait, endormir ou colorer ceci et cela...* » *Oublier. Endormir.* « Agathe » après *Teste* rappelle que c'est un chemin du pouvoir. La fiction d'une nuit lumineuse, nuit de rêve ou de travail halluciné, il n'importe, mais avant tout « *NUIT DE PUISSANCE* » (*C*, I, 276), permet de congédier l'ordre diurne et l'ordre irréversible du temps, celui d'une histoire vécue dont la mémoire fait sentir le poids. C'est maintenant l'heure hors de tout compte, c'est « l'occasion pure », l'instant de se débarrasser des frayages et des liens, où s'ouvre la porte du *« SORS POUR ENTRER *(remets-toi à ignorer ce que tu sais* [...]*)* »* (*Œ*, II, 447). Oublie ; il faut « *défaire du souvenir l'ordre mortel, annuler mon expérience* [...] *et par un simple songe nocturne, me déprendre tout à fait* » (*AG* 3). Nous reviendrons sur cette heure de *table rase* dont le travail automatique du rêve donne le modèle. Effacer ce qui fut écrit et le temps écoulé (les « mourantes formules » évanouies au fur et à mesure sont ici l'image limite), c'est nier l'énergie dégradée, l'entropie. L'entreprise d'« Agathe » dit entre autres le désir de retrouver la spontanéité vive d'ordinaire entravée par le déjà fait ou dit. « *Le rêve fait de soi (by itself) des opérations que la veille trouve pénibles — quand elle y songe* » (f° 141). Un leitmotiv majeur qu'une unique italique accentue affirme la conquête ou reconquête de ce « *by itself* », « *recommence, ici,* [...] *l'être fait pour l'oubli* » (*AG* 1). Le thème paraphrasé est répété dans les *Cahiers* (voir *C*, I, 808, 840, 916...) ; ce pourrait être, elle en vaut d'autres, une définition de l'homme par sa capacité de renouveau. On l'inscrira à l'origine, dans l'enfance, temps des apprentissages où l'expérience ne s'acquiert qu'en effaçant ses traces, temps de la liberté fonctionnelle et du possible vierge encore : « *Ah ! si l'on pouvait ne pas tout à fait désapprendre tout ce qu'on ignore à cet âge-là !* » (*C*, I, 604). « *Ah ! Si je n'avais pas oublié tout ce que* *j'ai ignoré »* (342). « Sans *oubli, on n'est que perroquet.* » (II, 259).

Le rêve est une autre enfance, un ciel de nuit offert à tous les coups de dés et tous les tracements. Agathe désigne peut-être aussi, devenue parlante, animée, la « statue d'enfant nue et noire » qui s'est nommée Psyché et fut une sœur obscure et désincarnée de Narcisse. Le texte fait surgir en tout cas une trace de ce « sourire funèbre » d'une enfant : « *physionomie inutile souriant* [...] *bue par la noirceur* » (*AG* 1). Noirceur ou oubli sont toile de fond, inscrite comme telle dans les brouillons : « *ce fond, coin foncé* [...] *pouvant porter de la même façon réalité et images* » (fº 14 vº). Toile neuve dont le créateur a la nostalgie : « *Notre esprit bientôt ignore l'essentiellement neuf, c'est-à-dire ce qui ne ramène à rien...* » (*C*, II, 243). L'heure du pouvoir est celle du possible, bien plus vaste, le rêve le montre, qu'on ne le croit. Il enseigne une « *extension de la variation des images* » (fº 132 vº) un « *plus grand degré de liberté* » : « *Je dirais souvent que le rêve a plus de dimensions que la veille, que tel phénomène mental réduit par la veille à varier sur une ligne ou sur une surface, trouve dans le rêve des voies plus nombreuses, un domaine multiple de déformation* » (*C*, II, 136). Rappelons, pour indiquer seulement une voie de recherche, que cette liberté plus grande est mise constamment dans les *Cahiers* sous le double signe de l'oubli des relations apprises ou acquises et du « *Carnaval* » (IV, 582) : Carnaval, lieu de rencontre des classes et des langues, de mise en cause ou de déconstruction des codes confrontés : « *Échange, échange de masques, échange de bouches, étranges mots à mots, folles transcriptions littérales, absurde suite opiniâtre dans les idées.* » Régir le grand rite carnavalesque, le jeu des mots en liberté, gouverner les signes au lieu d'en être gouverné, être *un homme qui sait ce qu'il dit*, fut le but du Scriptor comme aussi de Teste, dont un « Que peut ! » note le regret. Tout au plus peut-il, un quart d'heure, rêver tout éveillé qu'il rêve, faire parler un Monstre, « *une Chimère* » (*Œ*, II, 14), doté d'une « *facilité incompréhensible* » (*AG* 3) :

Je réponds à ce grand calme qui m'entoure, par les actes les plus étendus, jusqu'à des monstres de mouvement et de changement.
(AG 3)

Substituer, transformer, associer, dissocier, cet exercice eut des précédents, fictifs sinon véritablement méthodiques. Avant la mémoire d'un Teste, ce fut la pratique inventive d'un Vinci : il opère sur l'objet sensible avant que le génie silencieux n'œuvre sur son spectre abstrait. Déjà l'« Introduction » esquisse le jeu des allitérations sémantico-formelles qui feront la trame d'« Agathe ». Des écailles aux éclats, des oreilles aux coquilles et tourbillons, l'homme qui sait qu'inventer ce n'est rien d'autre que prendre « *ce qui est connu, ce qui est partout, dans un ordre nouveau* » (*LV*; I, 1176) annonce la mise en œuvre systématique d'une métrique intellectuelle fondée sur les transformations. Il anime l'écriture qui bientôt conduira d'« *un reste léger du jour brillant* » (*AG* 1) à « *une joue terne et passagère* ». Ce n'est pas par hasard que, sous la forme voilée d'une pensée en état d'hypnose, la sainte du sommeil habite l'empire césarien de Léonard. Elle introduit les thèmes du réveil, de l'accès à la généralité, de la limite, qui préfigurent le texte à venir. « *L'idée surgit alors, (ou le désir), de précipiter le cours de cette suite, d'en porter les termes à leur* limite, *à celle de leurs expressions imaginables,* après laquelle tout sera changé. » (*LV*; I, 1162). « [*E*]*xciter la vitalité imaginative* [...] *transformer une énergie potentielle en actuelle* » (1171) jusqu'à la parfaite actualisation est l'ambition qui présida aux recherches sur le « Manuscrit ». L'« Introduction » en contient tout le matériel conceptuel, tel le « *grand pouvoir d'oubli ordonné* » (1170), et la considération des « *choses particulières* » — « *En les regardant longuement, si l'on y pense, elles se changent* » — qui se retrouve dans le travail de l'incipit : « *Je les altère pour y penser et je le vois clairement* » (f° 15 v°). Avec « Léonard », et les notes de jeunesse qui l'entourent, c'est la théorie du génie ; avec « Agathe », la tentative de la pratique. Cherchons-en la définition là où Valéry peut-être l'a trouvée, dans Condillac.

Qu'est-ce donc que le génie ? Un esprit simple qui trouve ce que personne n'a su trouver avant lui. La nature qui nous met tous sur le chemin des découvertes, semble veiller sur lui pour qu'il ne s'en écarte jamais. Il commence par le commencement, et il va devant lui. Voilà tout son art, art simple, que par cette raison on ne lui dérobera pas. [33]

Valéry ne cessera de chercher à commencer par le commencement, problème de méthode et non pas enquête sur l'origine ou le fondement, tentative pour atteindre toujours le plus complexe par le plus simple. « *Quel est le minimum pensable ? [...] c'est la sensation, ou l'image pure et simple sans aucune élaboration.* » (*C*, I, 299). C'est ce qui est donné, qui *est*, sans demander « *ni intelligence, ni compréhension* » : une lueur, un froid, un son sur lesquels le travail mental peut commencer ensuite, et qu'« Agathe » fait tour à tour entrer en scène, pour les soumettre au mécanisme d'association/dissociation sur lequel se fonde l'activité de l'esprit. Lu comme une page d'autobiographie spirituelle, le texte est une composition où le pouvoir s'illustre en montrant ses rouages — « *joindre — disjoindre — mais la disjonction plus durable* » (f° 62 v°) — et les éléments de son jeu : « *Ensemble des sensations (7 au moins variables). Ensemble des phénomènes mentaux distingués par temps.* » (*C*, I, 302). Perception, attention, imagination, mémoire, autrement dit « *je vois - je fixe - j'ébranle - je doute - je distingue - je rêve - je ranime - je réponds - j'avais réfléchi - j'ignore - je suppose* » (*AG*), on pourrait suivre pas à pas, mot à mot, comment se déroule d'opération en opération le flux des transformations. Le désir est de cheminer ainsi jusqu'à parvenir « *au dernier point intelligible — imaginable — [...] jusqu'à un certain mur et la certitude que là commence vraiment l'infranchissable — [...] Thème du pouvoir — Agrandissement du pouvoir silencieusement [...] Seule, la recherche — vaut la peine. Immense. Décrire une nuit de travail.* » (*C*, I, 809).

On soulignera ici l'importance du thème du *pouvoir se trompant* — « *Une fois que mon pouvoir s'est trompé, je le possède plus que jamais.* » (*AG* 3) — qui est aussi celui de l'accident. Au lieu du chemin déductible ou du prolongement ordonné, l'errance ou l'erreur vient désigner la faille. La question du pouvoir rejoint ainsi celle du hasard, dès lors traqué et démasqué par l'acte qui mimera son processus. « *La méditation victime de l'accident — mais le simule — Elle simule une fois ce qu'elle a vu se faire mille fois* contre elle *et sans elle. Elle apprend son impuissance [...].* » (f° 162). C'est alors l'espoir de définir le pouvoir par ses bornes tout en les reculant un peu. Il faudra percevoir l'impuissance vraie, celle de la main qui jamais ne palpera un concept ni n'échappera à son bras : « *on a beau être fort, le vide se sent au bout du bras — Comme le kilo est tranquille à une ligne des doigts* » (f° 170). Une autre impuissance cède à la persévérance, à la méthode qui observe l'« *interruption d'un raisonnement* » ou l'effort qui conduit à « *pen*[*ser*] *un peu plus loin* » (f° 58). Comment et jusqu'où *prolonger* devient désormais le problème du « *pouvoir réel* » (f° 178) c'est-à-dire efficace qui n'est pas une pure spéculation jouant de mots mal définis. « *Qu'est-ce que je puis faire sur une pensée*

— *à prolonger ?* » (f° 55 v°) telle est la forme élémentaire du thème auquel l'« Introduction à la méthode de Léonard de Vinci » a déjà donné d'amples résonances. « *À quel point les Euclides se sont-ils arrêtés dans l'intelligence des formes ?* » (*Œ*, I, 1174). Les *Cahiers* ajoutent : « *les conditions de cet arrêt après ce progrès sont difficiles* » (*C*, I, 46). Le *pourquoi l'arrêt ?* comme le *jusqu'où ?* hantent le dossier du « Manuscrit ».

Que devient un |*éclair*| ⁺|état| si je le prolonge ? Et si je le perds ? (f° 175)

Que va devenir une capture si son oubli est déjà prêt ? (f° 57)

Qui arrête le géomètre dans sa série de conséquences ? [...] Qu'est-ce qui lui prouve que la suite prolongée ne montrerait pas l'erreur ? (f° 46)

L'esprit qui met ainsi son acte en question détient tout à la fois son tourment et sa liberté. Liberté d'interrompre, et de feindre un commencement différent, mais tourment de l'incertitude et de l'arrêt semblable à un destin :

Je ne suis jamais sûr que si je pensais un peu plus près, je ne rencontrerais pas le vice de tout mon travail antérieur — ou bien au contraire quelque chose d'un prix infiniment supérieur. (f° 46)

C'est ce que dit clairement, bien que sous rature, l'interrogation au second degré, question sur le pouvoir de questionner qui est l'essence de l'esprit humain :

|*Qui interroge ? Le même qui nie, il écrit, il efface — une même chose.*| [...] Il peut changer toutes les habitudes [...] annuler toute expérience et connaissance, enfreindre (f° 98)

L'énergie même de la pensée, ce dynamisme original qui fait d'une vie d'homme autre chose qu'un simple cycle d'actes et de sensations destiné à reproduire et à conserver, entre ici en scène, bientôt sous les projecteurs de la majuscule : « *Qui *interroge ? » (*AG* 3). C'est, transposée dans l'ordre de l'esprit, une question sur l'origine du mouvement. « *Pourquoi et comment la recherche ? — d'où vient l'interrogation ? d'où les fabrications de choses cachées pour expliquer les visibles ?* [...] *Le monde est le même pour Aristote et pour Descartes. Les rêves diffèrent. Les liaisons sont autres. La carte est mieux faite — peut-être.* » (*C,* III, 307). Ici et dans tous les cas, « *le pouvoir c'est le mouvement* » (I, 224). Il n'y a d'art de penser que par l'« *art de POSER (une* Problématique*)* » (XVII, 82), et puis de « *parcourir en tous sens* » (I, 224). Le plus grand art peut-être est de *« penser à temps »* (II, 101). C'est « *l'à propos maître du monde* » (151), leitmotiv du mystère de la spontanéité de l'esprit : « *Alors on apercevrait — l'À propos, maître du monde — puisque l'idée vient d'où elle veut, à son heure.* » (f° 45). Venue à temps, à propos, supposons donc l'idée d'un conte : « *Hier soir en chemise avant d'entrer au lit, je suis resté devant tous mes livres cherchant celui qu'il me fallait, celui qui m'aurait plu, et je le faisais — du moins j'en sentais le goût, — puisqu'il n'existe pas.* » (*C,* I, 214).

L'ARGUMENT PHILOSOPHIQUE

*« se souvenir de l'importance philosophique
de cette "TENTATION" »*   (f° 196)

intellectus ipse

Ce que découvre le dossier du « Manuscrit », c'est le cas
privilégié, unique peut-être dans son exemplarité, d'une philosophie faite forme belle qui explicite longuement ses points
de départ et ses références théoriques. À l'argument narratif
et psychologique se superpose bientôt, appelant la lecture
à plusieurs niveaux, un argument philosophique scolastique-
ment énoncé en latin et qui fut le premier incipit des tentatives de rédaction. Réduit parfois à un ou deux mots, il
scande de ses rappels multiples la totalité du dossier, dont
il est la constante majeure.

« Nihil est in intellectu, quod non fuerit in sensu »

Restaurons donc cette ouverture effacée du conte. Elle dit
clairement que le projet fut d'abord celui de l'intellect : il
y eut au début une méditation philosophique sur ce qui est,
prius, au commencement. Débat *de l'origine*, vieux comme
la pensée ; ici celui *de l'origine de l'entendement*, qui fonde
les épistémologies. De Platon et Aristote à Thomas d'Aquin,
puis Descartes, Locke, Leibniz, Condillac et Kant, il oppose
aux tenants des Idées innées ceux de l'expérience et de la
sensation [34].

Pour qui espéra transcender dans son Système l'entier ensemble des créations de l'esprit, et trouver, comme tant de philosophes l'imaginèrent, l'ART DE PENSER [35], l'unique méthode commune aux sciences et aux arts, le débat de l'innéité et du sensualisme est bien loin d'être désuet. C'est tout au contraire le cœur même de la réflexion vive, le lieu de la primordiale réponse au *Que peut un homme ?*, d'abord question philosophique. Est-ce *du dedans* et par réminiscence, ou *du dehors*, par la seule pratique de la *« vie extérieure » (I, 542) que viennent à la conscience les phénomènes mentaux qui la constituent ? Des figures symboliques illustreront constamment cette trop simple antithèse qui cherche à s'effacer dans une complémentarité : celle, dans les débuts, de Teste et de Léonard dont Gœthe, bien plus tard, prendra le relais. À l'époque d'« Agathe », Valéry espère subsumer, trouver la solution dans l'énoncé du problème, rassembler sans les asservir l'une à l'autre *aisthêsis* et *épistêmê* en les nouant dans le ruban de Möbius de l'écriture. C'est elle qu'il charge de répondre à ses interrogations : « Quelle est la commune mesure des philosophies de la connaissance ? » « Quel est le "formel" de l'esprit qui est toujours là, même si le "significatif" varie ? » Si *le même* questionne et répond, et si nous sommes tous des semblables, les actes de l'esprit comme les gestes du corps ne doivent différer que par le plus ou le moins ; on joue toujours, avec une virtuosité variable, sur le clavier du possible humain dont il importe de rendre compte, en prenant pour point de départ ce qu'il a précédemment produit. À la base d'un grand dessein à la fois intellectuel et « littéraire », il faut placer ce projet essentiel que trop de critiques ont masqué : « *j'ai voulu sauver la philosophie —* » (*C*, XVI, 25). Insistons : « *Du jour où j'ai pensé à une transmutation des systèmes philosophiques les uns dans les autres, — c'en était fait. C'était mettre* *au premier plan l'acte mental et dénoncer comme œuvre ce que les personnes voulaient et considéraient comme* vue. *C'était placer la réalité de leur effort dans sa ressemblance à eux et non à un modèle objectif* » (XV, 132). Celui qui veut jouer dans l'universel le jeu de la pensée inscrit, pour leur imposer sa forme propre, les affirmations des autres dans le filigrane de son discours.

« *Nihil est in intellectu quod prius non fuerit in sensu !* » J'avais longtemps maintenu la matière ancienne de cette phrase : elle fait de la pensée un arrangement. |*J'allais la raviver encore, et de l'un à l'autre, en rallumer tous ses mots, éclairer son front immense.*| [...] Je vis l'intellect indistinct, et la sensation claire
(f° 7)

Ensuite estompé, le thème abstrait traditionnel est ainsi fermement posé. Du *De Anima* d'Aristote à la *Critique de la raison pure*, il amène un vaste intertexte philosophique que Valéry, est-il besoin de le dire, savait parfaitement maîtriser. Son mépris affiché des philosophes n'est nullement méconnaissance. Les *Cahiers* attestent à chaque instant que la préoccupation majeure est cette enquête intellectuelle qui pourrait aboutir à la *bonne* métaphysique ; celle, dit Condillac, qui « *ne cherchant à voir les choses que comme elles sont en effet* », « *proportionne ses recherches à la faiblesse de l'esprit humain, et* [...] *sait se contenir dans les bornes qui lui sont marquées* » (p. 99 ³⁶). Pour elliptique et allusive qu'elle soit, la présence de la culture philosophique est évidente dans le contexte d'« Agathe », et la boutade parfois met en lumière l'homme qui veut écrire au-delà : « *Sensualiste au réveil. Criticiste à 11 h. Hobbiste sur les 4.* » (C, I, 174).

C'est chez Leibniz qu'il faut chercher la formule complète où l'histoire de l'Âme voulait se résumer dans le « Manuscrit ». L'initial incipit en supprime la restriction essentielle qui reconduit des sens à l'innéité : « *Excipe :* nisi ipse intellectus. » (p. 92 [37]). Rien dans l'intellect qui ne vienne des sens, si ce n'est l'intellect lui-même. Posé plusieurs fois dans les schémas, le *« intellectus ipse » articule fortement la réflexion sur une antithèse, ou sur deux moments que rythme une déconstruction/construction. Sur le lourd substrat qui oppose l'*Essay concerning human understanding* [38] et les *Nouveaux essais*, un conte prétend s'écrire, et coiffer le débat par l'art : prouver, comme on prouve en marchant le mouvement, que la philosophie est forme ; ou mieux : Forme des formes.

Deux moments donc, ou deux domaines devront ici se succéder. Si Valéry parfois songe à remplacer sa distinction φ/ψ par une dichotomie temporelle « *avant et après* » (*C*, II, 78) les deux s'efforcent dans « Agathe » de coïncider. Le texte conduit à Ψ : conte, disions-nous, de l'entendement. Tel est le thème majeur qu'indiquent sans ambiguïté les schémas.

> Nihil est in-
> je *vais* à la formule Intellectus ipse —
> j'ai posé une situation du *narrateur-théâtre* —
> C'est un décor — avec musique.
> Décor de l'intellect à exposer.   (f° 114) [39]

Jalonnant ébauches et brouillons et facilement repérables, il s'inscrit au cœur d'un texte que l'on peut lire comme un « *voyage* [...] *orné de perpétuel intellect* » (*AG* 5). Il se propose dans une possible ouverture qui serait le « *Arma virumque cano* » de Monsieur Teste. « *Je chante l'intellect — et son semblant de perfection parmi la corruption de la connaissance — Je crois en lui — non la raison ordinaire, mais celle qui tient compte de tout, qui nomme ses propres lacunes et ses inconnues, qui se conçoit limitée, injuste et indéterminée çà et là, celle qui use de toute chose, et irrationnelle.* »

(f° 45 v°). Le texte proscrira l'éclat de cette tonalité majeure à plusieurs reprises essayée : « *Je chante ce qui est connu et inconnu* » (f° 47 v°) ; « *Je chante l'épuisement de la durée par l'intellect — qui le fait, comme la lumière et la vision boivent la distance.* » (*C*, II, 293). Mais il ne cesse de songer à s'ouvrir au « *Tableau de l'intellect* » (f° 163) succédant sans doute à la « *mêlée de l'intellect et de l'existence* ». En tout cas *l'intellect* nomme en général le terme de l'itinéraire spirituel que parcourt la pensée dans le cycle que lance le *plus je... plus je...* : « *l'État — 1 série d'États — L'intellect —* » (f° 116). Les plans ou schémas théoriques en détaillent souvent les étapes :

Je dois peindre —   mélange —
                                           imaginable —
SV 1° La connaissance totale   tangible
     2° L'intellect et l'action   intelligible —
        la puissance d'intellect.   (f° 118)

Ce but ou aboutissement apparaît toujours dans les canevas plus précis qui donnent la structure du texte déjà largement écrit, tel celui qui figurait avec une copie partielle dans le cahier contenant « *La Pythie* » (f° 122) [40]. Le finale possible ou cherché eût été la célébration heureuse de la puissance atteinte, et, tel le lever d'un astre, l'avènement glorieux d'*intellectus* : le libre jeu, la parfaite mobilité de l'esprit qui croit abolies ses bornes, le suprême degré de liberté dont celui du rêve fut figure ou préfiguration. « *Alors je puis me livrer à mon intellect : il est le moment où j'aime les lois. [...] L'opération de l'esprit se détache visiblement de ses termes ; et trouve un nom.* » (f° 76). Les *Cahiers* montrent comment s'élaborent avec précision et méthode les leitmotive de l'esprit en même temps que ses formules.

Le précepte sera ici de s'attacher aux « *choses invisibles et connaissables. Ainsi l'ordre, l'arrangement,* [...] *ne voir que cela* — » (*C*, I, 719). Une paraphrase ou un exercice d'analyse intérieure montre la réalité vécue, intuition, lueur brève, éclat fugace de la *consciousness* absolue, d'une expérience qui est aussi celle où le *Tout d'un seul coup d'œil* se pressent. « *Qu'est-ce que ne faire attention qu'à l'ordre ? et laisser courir ? Si cela est possible, c'est par moments. L'intellect est chose de moments. C'est le moment où j'aime* les lois. *Le moment où je me sens loi — souvent obscure, interdite — mais loi.* » (717). Équivalent mythifié de celui de la *Dernière Pensée* englobant l'entière connaissance, ce *moment* dont la saveur temporelle est marquée demande pour advenir des « *circonstances* [...] *assez douces, assez supportables pour être indifférentes et remarquables* ». « *L'intellect est l'état dans lequel les relations deviennent perceptibles — s'illuminent — deviennent des objets* [...] *parfois prennent figure — toujours prennent signes.* [...] *L'intellect sera le nom du moment où l'opération devient chose et se détache de ses termes.* » (716). C'est la révélation d'une structure, telle celle de l'additivité permettant toute addition, le jeu aperçu de la navette et de la chaîne où quoi que ce soit peut passer du rien à

l'éclat |*suprême*| d'être connu   (f° 76)

puis retourner au rien, comme passe le fil dans la toile. Interférant avec le thème de la synthèse du rêve et de la déconstruction des sensations, le leitmotiv du *Nihil... nisi intellectus* est donc un vecteur essentiel du texte. L'exploration du domaine des sens s'accompagne d'une remarque — « *la sensation regardée comme un simple commencement* » (f° 118 v°) — qui met une méthode et une métaphysique (un art d'écrire aussi) dans la formule souvent reprise : il faut *commencer par le commencement*. On en trouve plus tard une réaffirmation philosophique :

Erreur du sensualisme.
    Ils ont pris les sensations pour éléments intégrants suffisant de la connaissance — c'est-à-dire de tout.
Or ce ne sont que des commencements   (*C*, VIII, 560)

Soit donc par là autrement située Agathe, absente du début toujours réservé au prélude philosophique, et qui n'est plus une endormie. Elle n'est point donnée mais apparue à un moment de l'aventure de l'esprit. « A — *Nihil est in intell.* [...] B. *Agathe* ≡ » (f° 111) ; « *Sur le point de* A + » (f° 97). Elle advient, des notes clairement l'indiquent, dans le temps d'*intellectus ipse*. Elle est l'apparition pressentie, dont l'éveillé peut garder l'inquiète réminiscence, de la forme entière de l'univers spirituel, entrevue dans les exercices mystiques d'une Nuit obscure, NUIT DE TRAVAIL, — NUIT DE PUIS-SANCE, expérience vécue et parfois auto-référée, même si le modèle en est mallarméen. « *Si dans une nuit bien noire... on se met à penser, à sentir* » (*C*, II, 842). À son terme, la BONNE IDÉE ou la meilleure possible, « *l'Idole abstraite* » (XXIX, 536), l'*idée des idées* — « *Mais qu'as-tu fait autre chose que de chercher à rendre* vraie *cette* idée des idées ? À établir et assurer le chemin, la méthode qui, de toute idée, mène à celle-là ?* » (443), perle abstraite, intacte au centre du cercle sur le pourtour duquel on est condamné à errer, ou à tourner en rond, « *supplice circulaire de l'intellect* » (dact. inédite). Le temps imaginaire d'Agathe est celui de la présence absolue. C'est « *cet état où* PARVIENT *la plus riche pensée quand elle s'est assimilée à elle-même, et reconnue et consommée en un petit groupe de caractères et de symboles.* » (*ND*; I, 1223) : ΑΓΑΘΗ.

1 - Rêve de moi

_____   *Prélude.*

/puis/

2 - Thème philosophique

_____

Agathe alors — Description —

    Formation —   (f° 112)

« *faire passer esprit* to *Agathe il prend cette forme* — »
(f° 113) écrit Valéry au-dessus d'un plan alphanumérique
où, en *m*, intervient « *Agathe — — royaume nouveau* — ».
On songe à la formule déjà citée de 1898, et tant de fois
paraphrasée : « *TO GO TO THE LAST POINT* » (*C*, I, 202).
Ce cheminement ou cette tension vers, s'accomplissent plus
facilement avec la médiation d'un « modèle » ou d'un auto-
mate dont on espère qu'*il fera le saut* que *je* ne peux faire ;

|*Je m'avance avec ma créature jusqu'à des bornes déjà connues
et je suis conduit de toutes parts sur le pourtour et abandonné
là*| (f° 92)

Fantôme ou fantasme, Agathe, si elle prend une apparence,
est cette « *créature extrêmement désirée de l'esprit* » (*AG* 9),
dont le texte peut seulement « *invente*[*r*] *les effets* ». Elle est
la représentation de Dieu qui, lui, est le meilleur « αριστος ο
θεος εστι » (*C*, I, 324). Lui seul parvient à ce comble où tend
l'élan nommé *désir* qui est aussi un appétit de l'esprit : Jouir.
« *Dieu* [...] *connaissant seul l'ensemble du sensible et sentant
l'ensemble de l'intelligible parce que c'est un ensemble,
jouit.* » (314). « *J'ai d'elle le désir* [...] *j'en découvre infiniment le manque* » (*AG* 8). Si Valéry choisit d'inscrire dans
son texte le manque, et comme l'appel vain à une Source à
jamais tarie, c'est parce que demande ou désir fondent l'acte,
c'est-à-dire le mouvement. Nul *plus je*, *plus je* au sein du

76

premier moteur qui est, on le sait, immobile : «το πρωτον κινουν ακινητον» (C, II, 154) rappellent après Aristote, les *Cahiers* :

immobile, je dispose de la mobilité pure et je sépare
et se considérant comme prédécesseur de tout mouvement
(f° 171 v°)

Agathe *accomplie* [41] serait du côté de l'entéléchie. Mais l'aventure vive de l'être/connaître se joue dans l'*energeia*.

tabula rasa

« *Théorie de l'épuisement intérieur et vue d'Agathe* »   (f° 125)

Imaginons une statue de Condillac accomplissant son itinéraire à rebours. Situons le commencement — l'état d'ori-rigine — à la fin. Il suffit de fermer un cycle. Se connaître *à reculons* sera donc méthode, et le *défaire*, l'acte clé. Le même texte s'est voulu (tout à la fois, c'est là le secret) synthèse du rêve et analyse, jusqu'à la nullité, de l'entendement. Le double mouvement d'avancée de l'écriture et d'effacement ou de disparition systématique des sensations et phénomènes mentaux dont elle véhicule les signifiants, aurait valeur de contradiction transcendée si elle n'avait été vécue comme une expérience métaphysique inouïe. Le spectre de Mallarmé rôde par là, avec la volonté primitive de faire mieux, en prenant en charge, en *pensant* les sciences et les philosophies, avec ensuite l'impuissance dont la mort du Maître semblait imposer le modèle exemplaire. Décrire pas à pas une exhaustion, comme l'on décrit un cercle, est une aventure impossible. On peut seulement imaginer que quelqu'un (nommé par exemple Léonard, ou le Solitaire) l'a fait.

« Agathe » cependant est l'essai de pousser jusqu'au bout l'art hégélien d'absenter ou d'anéantir par la nomination [42] ; jusqu'à ce que, tout ayant été désigné, il ne reste que le *hic et nunc* d'une présence à soi parfaitement vide, qui serait absence au monde, au corps et à toute pensée autre que celle d'une « *généralité insurmontable* » (*ND*; I, 1218). L'approche de « *l'extrême nord humain* » (*C*, I, 809) a songé à emprunter la voie d'un dépouillement non d'un comble, d'une extinction quasi naturelle au lieu de l'orgueilleux chemin de la lucidité. Le Solitaire, au « *nom de diamant* » (*MF*ms), est le double tragique et véhément de la méthodique « Agathe », parvenu, il le hurle, jusqu'au Rien où il n'y a plus de mots. C'est la tentation : « *Poe — ou bien quelque* δαιμων — *souffle : La limite même de l'analyse — où ?* » (*C*, I, 809). La marche en sens inverse de l'expérience vécue, le temps du n — 1, — 2... et ainsi de suite, qui se nombre par soustraction, pensent rencontrer, avant le vide ou le néant, l'initiale table rase, cire vierge de l'âme ou pur possible en puissance de l'intellect. Après le moment du « *voir de trop près* » (*JP*ms II, 13 v°), un sommeil imaginé de la Jeune Parque croira de même rencontrer un terme pur. Tel le « *corps noir qui tout absorbe et ne rend rien* » (*ND*; I, 1222) incrit aussi dans le travail du « Manuscrit ».

Achevée résolue absolue *nulle*

noir de la dernière pensée

Éclat.   (*JP*ms II, 13 v°)

Mais il faut décrire. L'initial prologue, posant le principe philosophique sous sa forme aristotélicienne puis sensualiste, paraphrase bientôt en le nuançant l'argument.

Je vis l'intellect indistinct et la sensation claire ; puis, elle me parut vague tandis que les opérations de l'intelligence m'arrivaient dans leur |éclat| pur. [...] L'idée philosophique faisait ⁺|dans mon esprit| des sensations fausses opposées à une fausse intelligence construite.   (f° 7)

Le lieu du problème dès lors, ou de l'expérience mentale, est d'abord le rapport entre la sensation et l'idée. L'entendement cherche sa nature et son origine à travers les productions d'un instant, méthodiquement déconstruites dans l'espoir d'en trouver les éléments premiers. De la sensation à l'image, de l'image à l'idée puis aux opérations de l'esprit saisies par une réflexion de l'esprit sur lui-même, c'est l'itinéraire rêvé réversible ou plutôt se fermant dans la circularité. L'observation (ou la loi) la plus simple, sur laquelle est brodée l'écriture d'« Agathe », s'énonce abstraitement : « *Les images viennent. Elles s'en vont. Elles peuvent être étendues, ayant des parties. L'abstraction les remplace et* commence *quand on* les pousse *au point où elles ne peuvent plus être prises dans la réalité.* » (*C*, I, 102). Pour qui se dirige vers l'origine et entreprend le trajet du Rameur — « *Je remonte à la source où cesse même un nom.* » (Œ, I, 153) — le double terme se propose, du *prius in sensu* et du *intellectus ipse*. D'où les variations sur le thème du *commencement*, qui n'est peut-être pas ce qui d'abord advient.

Dans le temps du récit, qu'y a-t-il au début ? La chambre rousse illuminée d'un feu, ou les mots latins d'une formule de l'École, « *phrase de matière ancienne* » avec laquelle on a « *joué longtemps* » (f° 9) ? Un re-commencement ne tranche pas, donne, mêlées, sensation et phrase : « *Je la retrouvai dans le feu gras et vague, soudain vaste, où je l'avais perdue.* » Puis, comme un coup d'État, l'éclair d'un feu distinct illumine et *sépare* la chambre toute rousse d'une « *brune rêve-*

rie » (f° 7) qui ne garde de ses origines qu'une couleur de chevelure bientôt perdue pour laisser nette la coupure [43].

le feu dénoué l'éclaira un instant parce qu'il sépara d'un seul
éclat la chambre soudain rousse de la brune rêverie devenue
⁺|parvenue à être| sans commencement (f° 7)
Ce feu dénoué m'éclaira de son rire chaud et triste ; et, d'un
seul coup d'or, il a séparé une chambre toute rousse, lieu ivre,
— d'une pensée devenue sans commencement...   (f° 9)

Dans ces quelques lignes, celles sans doute « *étrangères au problème* » (II, 1387), écrites sitôt conçue l'idée de la parole du sommeil, la correction leibnizienne est implicite. Après quelques tâtonnements, le texte conservera des notes de la philosophique ouverture ancienne, dont la thèse est non ambiguë : « *Une idée devenue sans commencement* [...] *devient même nulle* [...] *et elle amène tout mon esprit.* » (*AG* 1).

Les schémas cependant précisent les étapes, ascèse ou martyre, qui mènent à la « *connaissance séparée* » (I, 1216) ou aux « *clartés séparées* » d'un Teste (II, 66). C'est la « *Séparation des sens* » (f° 171 v°) qui se détaille : « *La sensation = 0. Les mouvements = 0. On tire fantaisie — féerie, facilité, nage.* » Dans la forme narrative qui met en discours actuel le « *commencement de la pureté* » (*PA*; II, 1289), c'est l'incarnation tout entière abolie, si sainte Alexandrine-Agathe ne perdait que ses ornements. Joie du supplice : « *avec délices je ne sens pas ce corps* » (f° 16) est le thème que double sa réciproque « *je suis invisible mon esprit est complètement vu* ». Valéry énumère ces sens qu'il faut éteindre et qui seront bientôt « *ouverts sur le zéro* » (f° 175) : « *Vue à l'horizon. Tact de si près. Efforts, en soi-même. Nuages du goût, du son et du sang et de l'odeur.* » (f° 109). Les ébauches, parfois sous ratures, détaillent :

mon corps [...] |*n'a ni chaud ni froid*| (f° 15)
Je regarde l'obscurité ; le bruit se décime [...] le silence se
dépouille ou s'épure [...] il se simplifie — se fixe — s'accélère.
                                                            (f° 18)

L'effacement du sens musculaire et l'état d'apesanteur se
cherchent des formulations diverses. C'est « *l'absence étrange
de sol comme une origine de notions toutes nouvelles* »
(*Ch*ms I, 117), ou les classiques images de la nage et du vol
que la fiction d'un rêve amène naturellement : « *Le rêveur
croit voler — Il ne pèse plus* » (*C*, XXI, 673). Ce qui se dit
d'une autre façon : « *je dédaigne la marche, la trace et le
poids particuliers* » (*Ch*ms I, 117 v°). Sens du réel et du corps,
sens où s'inscrit le vœu de Narcisse devant la déception du
reflet — « *Toucher moi-même* » (*N*ms I, f° 41) — le toucher
est voué ici à ne saisir que l'abstraction : je touche « *mon
fond* » (*AG* 1), « *l'absence étrange* » (3) ou encore « *des
lois* » (9). La thématique de l'épuisement rejoint ici celle du
manque. Hors d'atteinte la perle dont pourraient « [*s'*]*amu-
ser longtemps* » (8) les « *doigts vivants* », et inapaisé, telle
une soif anxieuse de cauchemar, le désir avide de « *boire le
moindre son* » (5). Au terme des dépouillements successifs,
il reste l'« *unité des sens vides* » (f° 58), « *noire unité fragile
PHILOSOPHIQUE* » (f° 45 v° ; 162) construite sur le nu des
sens maintenant égaux :

ab intimum — il ne reste que la place de l'espace, son culot
mobile — la base mouvante de la vue. L'espace — Silence où
se déploie l'ange intérieur   (f° 94 v°)
Je réponds à ce calme par l'extension — Je rends des oreilles
au silence et des yeux à l'obscurité — Je restitue de la lumière
                                                            (f° 95)

C'est retrouvée, l'initiale nuit où s'éveilla Psyché. *Toucher
le fond*, ce sera alors atteindre cette générale réceptivité,

81

ce pouvoir de porter quoi que ce soit sans jamais de cesse, forme primitive de ce que Valéry nommera *implexe*, et que ne limite — d'abord et enfin, au terme/origine — nulle trace, nul frayage déterminant. Sur ce *fond*, mot-thème, lieu de problèmes, les ébauches s'attardent comme bien plus tard, au temps du « Cours de poétique », les *Cahiers* ne parviendront pas à définir la « sensibilité », capacité de sentir et de connaître, qui est ici une structure ou une forme *a priori* : self-variance aux lois subtiles, équivalent valéryen de l'espace et du temps kantiens.

Ce fond non imaginé   (fº 14)

C'est *mon fond* que je touche, celui de tous — je touche mon fond sur quoi je repose

C'est une |*région de nuit*|, fond incessant, invariable, mieux que réel, où paraîtrait aussi bien la flamme d'une bougie et toutes les choses disparues et le véritable mur, que le souvenir et l'invention figurés [...] |*Ce rien plus solide que tout ce que j'imagine*| (fº 15)

ce fond, [...] mieux que réel, invariable incessant renouvelé pouvant porter de la même façon réalité et images
ombre qui boit toute forme
C'est mon fond que je touche   (fº 14 vº)

le « nu de l'esprit »

· Le problème va au-delà. Agathe, c'est aussi l'idée mise à nu, ou la « *mécanique idéale* » (fº 52) enveloppée d'un seul regard. C'est l'« *Étude de I si on suppose R s'annulant* » (fº 142), dont l'examen du rêve a tracé les linéaments. Là s'enracinait, on l'a vu, l'induction qui espère livrer le secret de la vigilance éveillée — « *je cherche mon secret* » (*C*, II, 181) avoue dans les *Cahiers* le Scriptor. La diminution du champ et l'extinction de l'extérieur (de l'*accident* intervenant) permet le libre jeu dans l'intériorité du nombre fini d'opérations dont l'Âme séparée se découvre faite. Vierge, Psyché, mais « *vierge experte* » (f° 153) ; une seule, une *quelconque* idée peut suffire pour dégager la forme offerte à toute matière.

Je suis baignant dans l'ombre, dans mon lit, dans l'intelligence d'une idée ; unique, et toutes ses parties changent [...] et elle amène tout mon esprit. (f° 14)

La foi constamment affirmée dans l'induction et le raisonnement par récurrence fonde la démarche qui, d'une opération bien analysée, espère conduire au tout. La dé-construction philosophique qui s'opère dans le chantier d'« Agathe » se fait alors de ces travaux précis dont le but est bien défini : « *Mettre une idée à nu — génération et dissection* » (f° 180).

Il faut d'abord délier ce qui fut uni, réduire en éléments simples ; pour cela, mimer une sorte de rêve parfait faisant fonctionner l'esprit dans ses gestes simples : se souvenir, inventer, jouer selon des modes semblables peut-être, avec l'ancien et le nouveau : « *Décomposer un phénomène mental en souvenirs* » (*C*, II, 833). Ce qui se découvre d'abord, c'est le travail de partition, la fission, d'ordinaire inconsciente, des éléments psychiques où s'engendrent secrètement le processus d'abstraction et celui de l'imagination qui composera autrement ce qui fut dissocié. L'idée complexe se simplifie et subit une « chute de symétrie » :

Je commence à changer d'espace, à ne voir dans un mouvement
que sa figure
Je me représente   trajet
                son   plan et ce plan que songé
                          dessein
                          but
                une   longue chaîne de mouvements (f° 188)

L'écriture du « Manuscrit » tentera de mettre en œuvre la rupture des liaisons, tandis que les *Cahiers* ne cesseront au cours des ans d'insister sur l'importance d'une partition automatique défaisant aussi l'association « irrationnelle » ou « symbolique » et donc le lien établi par la contiguïté dont Freud affirme au contraire la solidité. Le cas exemplaire de l'association arbitraire d'un objet et d'un signe se commente dans le dossier par le récit d'un rêve vécu nommant une douleur « *Paméla* » (f° 145) et un inconnu « *Poincaré* » (f° 141) :

J'associais à une tête différente de celle que je lui connais, son nom et sa notion. [...] Au fond, dans la veille, qu'est-ce qui m'empêche d'associer ainsi une tête quelconque à un nom *donné* et *connu* — Certes, maintenant je le puis — mais artificiellement.
(f° 141)

Le rêveur défait sans effort pour refaire du neuf : « /*a, b, c*/ devient /*x, b, c*/ ». « Agathe » veut montrer comment vraiment *penser à autre chose*, entrer dans un monde inconnu où sont effacées la plupart des figures déjà tracées. « *Là reviennent réduites à des constellations insulées les formes du jour général* » (f° 23), îles dans un espace échappant maintenant à l'habituelle géométrie.

Apparu dans l'éclat du minuit comme du midi, le *nu de l'esprit* est l'automatisme réflexe, loi essentielle du vivant aussi longtemps que le sujet conscient ne lui oppose pas le vouloir. Quand le travail de dissociation/abstraction qui ne retient qu'une partie des choses se double aussitôt de mises en relation inédites, quand le sourire vu sur un visage se pose sur un mur ou une pensée, la liberté primitive de l'esprit capable de toute création se laisse entrevoir. C'est la « *spontanéité élémentaire — émanation ou vestige de l'invention* » (f° 21). C'est la psychologie réduite à la pure suite associative, aux tropismes des éléments : « *je varie librement dans l'impuissance* » (f° 62 v°), « *instrument que je suis d'une diversité inconnue* » (f° 76). Valéry s'attarde sur le jeu de cette spontanéité que la fiction du rêve dégage ici des contraintes de la logique, de l'habitude et de la réalité. Les *Cahiers* diront sobrement : « *Le possible habite l'état de veille ; l'état de rêve habite le possible.* » (*C*, XXIV, 372). Le dossier du « Manuscrit » élucide très fortement les intentions :

> Je veux dire que
> j'ai changé de domaine de variation, de p dimensions j'ai passé à p + q ; alors, ici, je suis plus libre pour choisir un trajet — tellement libre, c'est-à-dire tellement [*mot omis*] que je prends la durée pour guide   (f° 173)

Selon une image thermodynamique fréquente, c'est une augmentation de « variance », ou encore le mouvement dans un milieu idéal où les forces de frottement n'existent pas [44]. Que l'on passe du rêve vrai au rêve « systématique », et la mécanique se dévoile par ce qui est l'acte clé du comprendre : imiter, mimer.

> Je m'amuse de cette puissance multiple qui se dépense sans se diminuer — dont l'écoulement est distinct de l'épuisement, dont l'usage n'est pas la perte — dépense. Elle limite l'usage et la perte sans s'user ni se perdre. — détachée qu'elle est. C'est l'imitation de ce qui coûte   (f° 97)

Ce détachement qui rend tout possible, c'est l'exhaustion du « significatif », et la découverte, considérée au temps des bilans comme capitale, de « *l'éternel petit nombre fondamental* » (f° 192), nommé le « formel ». « *Exprimer* [...] *"le formel"* » fut le projet du texte, si tenter de le définir fut d'abord celui d'un philosophe artiste qui décrit les étapes de son aventure intérieure et l'effacement de tous les phénomènes derrière la loi de leur apparition.

Or, je ne retiens plus sur mon théâtre personnel, que la différence les déplacements, les substitutions de mes fantômes. |*À mesure que l'oubli les aspire, je remarque leur naturelle quantité.*| [...] Ce qui me sauve de leur diversité et de ce nombre intérieur, c'est de les voir venir par un petit nombre de manières. (f° 56)

En termes mathématiques, on évoquera « *le groupe fini des éléments et opérations* » (f° 192) ; en termes de physiologie, le corps de l'esprit : sous le nu, l'écorché et ses muscles avec les gestes par eux permis : « *Multiplicité des muscles — L'ensemble des mouvements (possibles) me revêt* » (f° 96). Effacé le réel, il reste l'opération vide de matière, « *l'agir sans agir* » (f° 91), le faire sans faire qui est l'essence de l'esprit, et l'illusion ou le pressentiment d'un infini. Telle est la formule de la « *mobilité mentale* » (f° 119) : « *pouvoir d'imaginer des mouvements* ⩾ *pouvoir d'exécuter des mouvements* ». Alors la libre motilité de la pensée vaut celle de l'oiseau que Valéry parfois envia.

J'ai là... dans cette ombre |*nerveuse*| — tous les mouvements [...] Je sens mon étendue [...] Alors — danse — existence.   (f° 178)

On retiendra l'ultime image où se projette le jeu complet des possibles du « *fantôme moteur* » (f° 94 v°) : la Danse, métaphore de l'Âme parvenue au plus près de l'acte pur [45]. Telle la perle au centre du cercle, telle Athikté-Agathe la danseuse au sein de sa rotation : « *Elle reposerait immobile au centre même de son mouvement... Isolée, isolée, pareille à l'axe du monde...* » (*ÂD*; II, 174).

un seul coup d'œil

Quel Spectateur, libre de la tentation d'Empédocle, montera au sommet de l'Etna pour contempler *tout* d'un coup d'œil, en pirouettant sur son talon très vite ? Effacées les choses particulières dans le mouvement, il verrait l'uniformité de l'ensemble universel, comme si l'axe virtuel d'une rotation se douait de la sensibilité rétinienne. Ce rêve du regard totalisant jeté sur l'univers mental plutôt que sur l'autre, se répète la vie durant comme une obsession [46]. Les premiers cahiers en sont pleins, non moins que les brouillons d'« Agathe ». Redonnons-lui les accents qu'il put avoir au temps de la vingtième année :

Je me propose d'embrasser l'Univers d'un seul coup d'œil, de telle sorte que l'esprit puisse en recevoir et en percevoir une impression condensée, comme d'un simple individu.
Celui qui du sommet de l'Etna promène à loisir ses yeux autour de lui, est principalement affecté par *l'étendue* et par la *diversité* du tableau. Ce ne serait qu'en pirouettant rapidement sur son talon qu'il pourrait se flatter de saisir le panorama dans sa sublime unité.   (p. 705 [47])

La « pirouette mentale sur le talon », et l'évolution « autour du point de vue central » si preste que « les détails s'évanouissent absolument, et que les objets même les plus importants se fondent en un seul », Poe a cru l'effectuer par une justification des lois de la gravitation newtonienne qui le mena à l'idée de la *Consistance*. C'est peut-être moins au « Manuscrit trouvé dans une bouteille » qu'à l'étrange bouteille flottant sur le *« Mare Tenebrarum » (p. 707 [47]) que le « Manuscrit trouvé dans une cervelle » fait signe. Critiquant Aristote et Bacon, la démarche déductive *a priori* et la démarche inductive *a posteriori*, une lettre datée de l'an 2848 y célèbre avant Newton, Kepler et *l'intuition* par laquelle il a *imaginé* ses lois. Intuition qui ouvre « *la majestueuse route royale de la* Consistance » (p. 714 [47]) et mène à la certitude « *qu'une* parfaite consistance ne peut être qu'une vérité absolue ».

On sait l'importance d'*Eurêka*, dont le titre apparaît f° 125, dans la formation de la pensée de Valéry, même s'il n'y relie guère son thème du coup d'œil total. Le « tout voir » pourra bien devenir le « *coup d'œil terrible* » de Teste agonisant (*Œ*, II, 74), métaphore visuelle d'une suprême pensée. Il pourra rester le leitmotiv d'un esprit toujours préoccupé de contourner le principe d'incompatibilité : « *On ne pense pas à tout à la fois — Comment faire pour penser à tout ?* » (*C*, VIII, 736). Il a pourtant conduit à des réflexions de méthode et presque de bon sens, dont le « Manuscrit », œuvre d'un « *vir videns* » (f° 3) espéra être à la fois l'exposé et l'aboutissement : « *Comment tout voir d'un coup d'œil ? Construire un état de l'intellect qui serait la représentation conforme de toutes les fonctions et d'où toutes leurs déductions sortiraient.* » (*C*, II, 574). C'est l'ambition d'une démarche double, la solution trouvée transcendant l'induction et la déduction. « *Définir par postulats — par désirs une chose de l'esprit* » (f° 91 v°) devient plus simplement réaliser par synthèse, après une analyse du donné, une bonne représentation, une perle ou agate de l'esprit, d'où émanerait, comme cercles au diamètre croissant le possible, le concevable (f° 113) voire le nominable : le dessin des *Cahiers* ajoute ce troisième cercle aux deux autres (*C*, I, 270). À l'idée d'une représentation-coup d'œil, Valéry joint cette règle : « *Il ne faut pas se préoccuper des solutions mais des positions. [...] approfondir et déterminer la difficulté — la tailler comme un diamant — la faire éclatante et pure.* » (II, 574). L'ambition totalisante se dit parfois plus naïvement : « *Il faut que j'explique tout avec ces choses — [...] Je parfais tout* » (f° 97). Mais le modèle reste le regard immense de la suprême pirouette, ou bien celui du Nyctalope qui imagina voir au-delà en voyant de plus près.

« *Je suis un peu plus grand que tout* » (fᵒ 96). « Agathe »,
conte de l'entendement, est l'aventure aussi de la Limite dont
l'apparition jalonne le dossier et les *Cahiers* d'une façon qui
ne cessera plus. « *Théorie des limites* » (fᵒ 43), « *Théorie des
limites RÉELLES* » (fᵒ 149), « *description de la limite réelle* »
(fᵒ 150), le mot revient avec trop d'insistance pour ne pas
désigner un point focal aussitôt doublé d'un idéal reflet.
Il faut ici encore citer les philosophes pour prendre la mesure
vraie d'un effort de l'esprit. Ainsi Descartes :

Je connais que je suis une chose imparfaite [...] qui tend et
qui aspire sans cesse à quelque chose de meilleur et de plus grand
que je ne suis [...] il me semble très à propos de [...] considérer,
d'admirer et d'adorer l'incomparable beauté de cette immense
lumière, au moins autant que la force de mon esprit, qui en
demeure ébloui, me le pourra permettre. [48]

Clarifions. Distinguons, comme les dictionnaires, la *borne* qui
marque le terme du possible humain, le mur des pouvoirs
réels, et l'espoir d'aller au-delà, l'éternel désir de l'Homo de
« *grimper sur ses propres épaules* » (Œ, II, 89), bien plus
encore que, comme Newton, sur celle des géants. Les mystiques nommeront *Dieu*, les mathématiciens *limite* ce vers
quoi tendent indéfiniment sans l'atteindre là les extases, ici
des séries ou fonctions. La pensée laïcisée de Valéry opère
explicitement la confusion.

Θ — Le Dieu-Limite.
    Si à l'égard du Tout (qui est lui-même *limite* du *tout* local
généralisé) on *écrit* qu'il existe un regard et un état de compréhension aussi net que le plus net qui soit dans un cas particulier
[...]   (*C*, XV, 422)

Il installe « Agathe » dans le porte-à-faux délibéré de celui qui imagine parfois de mettre « *un pied hors de tout* » (*Œ*, II, 594), dans cette tension qui voudrait pousser jusqu'à la limite atteinte l'effort entrepris pour rejoindre la borne : autrement dit, faire de celle-ci l'image de celle-là, et imaginer jusqu'à donner réalité comme on donne vie. On ne perdra jamais de vue cette ambiguïté fondamentale en définissant le « Manuscrit », synecdoque de l'œuvre entière, comme une tentative reposant sur le double désir indiqué en 1899 : « *la construction* [...] *Et la limite.* » (*C*, I, 766).

Qu'on cherche donc d'abord la borne car elle ne s'atteint pas d'emblée. Si l'homme ne peut regarder le soleil, qu'il apprenne du moins à utiliser au mieux la lueur de sa bougie, disait Locke citant les Proverbes (xx, 17) : « *Notre esprit est comme une chandelle que nous avons devant les yeux qui répand assez de lumière pour nous éclairer dans nos affaires.* » (p. 4 [29]). La leçon valéryenne est semblable. Pour faire taire les vaines questions, que les hommes examinent leurs forces, afin de « *trouver les bornes qui séparent* [...] *ce qu'ils peuvent concevoir d'avec ce qui passe leur intelligence* » : « *je m'avance* [...] *jusqu'à une borne déjà connue* » (*AG* 8) définit une approche guidée par la rigueur. « *J'ai touché mon empire.* [...] *Sa limite sera bonne si elle est claire.* » (f° 43). Dans l'ordre du travail ordinaire de l'esprit, l'instant de la borne atteinte est celui dit de « *Saltus. Hiatus* » (f° 125), qui est celui du « *passage du particulier au général* » (f° 91), avènement de l'abstraction. C'est le moment où cesse le changement continuel de la pensée, où la discontinuité s'introduit. *Natura non facit saltus*, dit Leibniz, et Valéry ajoute : « [...] *une abstraction seule* potest facere saltus. » (I, 1194). La transformation perpétuelle des images s'arrête avec la rencontre du concept. Comme il cherche aussi dans le rêve la « *rupture des relations jusqu'aux limites* » (f° 129), Valéry croit trouver là un *modèle*, c'est-à-dire une représentation simplifiée du passage à la limite, du face à face avec la « *grande clarté* » (*AG* 8) désirée : « *Que tu brilles enfin, terme pur de ma course !* » (*FN*; I, 122).

Car l'opération de base de l'esprit métaphorise exemplairement, ou reproduit à l'échelle inférieure l'essentielle aspiration jusqu'à un point vraiment final. La création d'une notion au terme d'une série d'expériences sensitives est la figure, empruntée au pouvoir réel, auquel se réfère le désir de la Formule unique : celui en somme de l'Abstraction des abstractions, généralisant ou sommant les actes particuliers. Le rêve est d'élargir le « Je dis : une Fleur ! » mallarméen, jusqu'à faire surgir — seule Idée, trouvant enfin sa chair verbale, — l'encore absente de tout discours : « *peut-être celle que je cherche serait forcée de paraître jusqu'à la solidité et de s'approcher du langage* » (f° 53). De longs tâtonnements paraphrasent ainsi l'effet du mot que l'on écrit *lumière* : « *réfléchissant dans le temps les soleils comme les lampes et les représentant par son instantané pâle événement et toute la clarté connue antérieurement — l'abstraction de la lumière —* » (f° 147). La netteté enfin atteinte, les essais successifs égalés à zéro, c'est l'acte de nomination qui sanctionne l'instant capital où l'*ombre* cède la place à la *clarté*, avec la double valence perceptive et cognitive. Inscrit dans tout Essai sur l'origine des connaissances, le processus d'abstraction est longuement analysé dans les *Cahiers* d'alors avec une constance qui révèle autre chose qu'un goût pour la philosophie : une recherche, à la fois théorique et métaphysique, une fascination devant un acte aux contours exacts, une « action complète » comme le sont, dans l'ordre du corps, le coït ou l'enfantement. « Agathe », qu'on peut rêver un instant d'appeler « Agathe ou De l'Abstraction » est l'efflorescence de ces recherches profondes dont l'austérité est masquée. Le conte raconte l'identique destin des images. Chacune apparaît pour dire : « *je suis — et puis s'en va...* » (*C*, I, 916), cédant la place à son double abstrait.

Le « Manuscrit » dit alors l'aventure de qui découvre ou croit découvrir, après l'épuisement des sensations et phénomènes mentaux, quelque Idée qui est son bien, *to agathon*. Ce serait « *la relation simple, inconnue sur laquelle je tourne* » (f° 90), « *le terme enfin de la recherche spirituelle comme si elle arrivait à chercher un objet sûr d'une marche finie* » (f° 50). Simple, sûr, solide, inaltérable, il serait véritablement dernier : *the last*.

> Le terme, mais enfin défini — le terme [...] Tel que toute avance significative est nulle ou entre dans le groupe. Toute pensée d'après rentre dans le terme. Comment en être sûr ?   (f° 158)

Dans cette démarche d'exhaustion où la fin rejoint l'origine, où l'on va, en déconstruisant tout, vers le point zéro de la connaissance, on peut imaginer, comme l'enfant jadis rêvait de devenir un point géométrique [49]. « Imaginer — fortement d'où Aγαθ- » (f° 172). La psyché peut croire être près d'accomplir l'équirépulsion à laquelle le « Léonard » de 1919 donnera une ampleur épique. Elle est parvenue au lieu critique de la « *saltation* » (f° 165) où Faust est précipité à l'abîme, où disparaît tout ce qui appartient à l'ordre de l'humain. Au-delà, il y a l'*abstraction* dont « *la plus grande distraction* » (*AG* 9) est un tenant lieu : l'effacement du moi dans un moi pur « *nu et dépouillé* » (*Œ*, I, 1223), conscience « *nue, infiniment simple sur le pôle de ses trésors* » (1230), ou encore *« invariant ». La Limite, c'est le nombre abstrait (« *abstract Tale* » ; *C*, XXI, 70) qui désigne la fonction du Moi au plus loin poussée, et le point de vue où s'annulent toutes les idées devant leurs pures conditions *a priori*. C'est, il faut les confondre, ces « *deux choses qui ne peuvent pas*

être pensées [...] *Dieu et la connaissance dans son principe*
[...] *Le corps noir rayonnant vers l'espace noir* » (VI, 844).
Ce peut être encore la mort ou le sommeil, sa métaphore.
Alors casse le fil du conte : « *Ô philosophe ! ne va pas plus
loin. Ici — cela devient trop facile et trop difficile.* » (III, 313).

L'ÉCRITURE COMME PHILOSOPHIE

Trop de fées philosophes présidèrent sans doute à la naissance d'« Agathe » pour qu'elle voit enfin son accomplissement. *« Ton premier mot fut NON... » (*MF*; II, 403) : avant le « *non* » de Faust ce fut le « Nihil est ». Sous le double signe leibnizien de la continuité et du leitmotiv essentiel d'*intellectus ipse*, Valéry fut tenté d'installer une poétique dans ces zones à la limite de la veille et du rêve où tout se passe « *de proche en proche* » (*C*, III, 365), où se révèlent les « *perceptions insensibles* » (p. 39 [37]) qui composent l'inconscient préfreudien, d'ordinaire cachées dans l'ombre du tableau, lieu peut-être des figures vraies. Organisant l'écriture comme le peintre la lumière et l'ombre, il voulut faire une œuvre comme Rembrandt, selon lui, fit *Le Retour de Hollande*, avec des « *effets latéraux,* [...] *les* environs *et les* profondeurs *des choses explicitement dites* » (I, 853), et « *deux compositions simultanées, l'une des corps et des objets représentés, l'autre des lieux de la lumière* ». La forme est autant que le reste éloquente, ou encore : *« Ce que l'on peut conter ne compte que fort peu ! » (*MF*; II, 402). L'âme est-elle, en elle-même, « *vide entièrement comme des tablettes où l'on n'a encore rien écrit* » (p. 34 [37]) ? Est-ce les « *parties insensibles de nos perceptions sensibles* » (p. 40 [37]) qui établissent un rapport entre les perceptions et les mouvements ? Et, si « la nature ne fait jamais des sauts », est-ce que l'abstraction en fait ? Conte, conte philosophique, conte de fée d'une endormie ou légende dorée d'une sainte, tout cela enfin est égal devant l'écriture. Elle rêva sans doute de reprendre en sa trame, avec les conditions de toute pensée, les formes *a priori* de la sensibilité. Une « Esthétique transcendantale », réinventée, appropriée, idée du passé « *volée à moi* » (22) dirait Monsieur Teste, sous-tend une recherche où le temps et l'espace jouent un rôle primordial. Mais plutôt : « Si l'Esthétique pouvait être, les arts s'évanouiraient nécessairement devant elle, c'est-à-dire *devant leur essence*. » (I, 1240). Disons alors « Agathe », ou l'imagination d'un art littéraire ou d'une τεχνη καλη καγαθη ; en n'oubliant pas l'équation posée : art = philosophie. Si « *le but est la représentation* » (*C*, I, 892), ce sera celle de l'effort en acte de l'esprit dans sa rencontre avec les choses et les mots.

Bien des années après le temps du « Manuscrit », Valéry dit et répète l'ambition ou le désir dont le conte naquit : imiter non les choses réelles mais « *la complexité fermée des choses réelles — les connexions* » (*C*, XVIII, 468) ; « *imiter dans une œuvre la liaison* matière-forme *qui est caractéristique et essentielle dans les êtres vivants* » (XXIII, 182). L'écriture crut être l'aventure vitale réparant la disjonction entre le réel et le signe, entre la pensée et la vie. Car le vécu de l'homme est tissé de symboles, sensations et idées ne sont rien sans les mots : rien, sinon ces simples refus ou négations extrêmes, tels le cri et le rire qui « *tue la gaieté* » (f° 178). « *L'usage des signes* [disait Condillac] *est le principe qui développe le germe de toutes nos idées.* » (p. 103 [36]). Et Valéry : « *Quand on voit le rôle des symboles — et dans l'esprit même on ne sait où il s'arrête — où finit cette onde de traductions et où existe l'original s'il existe* [...] *Si on savait lire !* » (*C*, II, 150). D'emblée il a étroitement lié l'étude du langage et celle des productions de l'esprit. Si les relations entre les idées sont l'homologue (ou le reflet) des relations entre les signes, un objet de mots peut prétendre représenter l'entier fonctionnement mental, pourvu que les possibilités du monde verbal aient été préalablement dénombrées : d'où l'ambition de l'écriture. Le poète plus tard sans changer de projet changera d'instrument ; face à l'ample orchestration de *La Jeune Parque*, « Agathe » semble appartenir au temps du plain chant. Ce qui préoccupe d'abord le Scriptor, c'est l'exactitude et la conjonction philosophie/psychologie/rigueur/création. Les philosophes peuvent être des maîtres

Descartes, inventeur d'images et de la précision de l'image — maître de l'usage des représentations figurées [...]
Kant, philologue — habile interprétateur autoritaire des dissociations logiques *possibles* — scolastique du réel — très apte à dénicher la place des lois nouvelles et à mettre de la rigueur dans les séparations de fonctions.
Leibniz esprit le plus mathématique — apte à exprimer par un système coordonné — toute difficulté. [...] très symbolisant — Peut-être le plus magistral d'allure des 3.   (*C*, II, 517)

En 1899, des notes regroupées sous le titre « Technical improving in literature » (*C*, I, 797) recherchent ce que l'art peut tirer de l'exemple des constructions d'idées, et comment la littérature espère se servir des philosophies : « *résultats incomplets par défaut d'une psychologie assez rigoureuse — Néanmoins Poe, Rimbaud, Mallarmé — ont vu la voie —* » (800). Un bilan de ce temps conclut : « *Je pense à un langage plus général que le commun et parfaitement précis pour représenter la connaissance.* » (876). La formule en est clairement donnée : « *La méthode consiste à distinguer nettement les vraies choses existantes — c'est-à-dire sensation et pensée — (ou images et leurs variations) et à tout traduire dans*

ce langage et dans les opérations abstraites de ce langage. »
(237). Sans oublier qu'ici l'on con[mp]te : « *Bien conter —
(computare)* » (656). L'aridité du travail, les difficultés qui
découragèrent enfin le conteur se montrent en pleine lumière
dès qu'on s'essaie à reconstituer même superficiellement ses
trajets. Si le « Manuscrit » voulut « *forcer le lecteur à faire
toutes les opérations marquées* » (fᵒ 93), il faut avouer le
vertige ou le désespoir du critique dans cette approche presque douloureuse du texte impossible que le Scriptor d'abord
a connue. Seulement concevable sans doute dans les jeux
du *faire sans faire* de l'esprit, la parfaite œuvre d'un merveilleux cerveau reste un immense chantier d'écriture sur
lequel les *Cahiers* songèrent à mettre un avertissement :
« *Mnss trouvé dans une cervelle — Préf — Ce mnss est à
peu près illisible — pour les raisons ordinaires qui font qu'un
mnss est illisible, grattages, etc.* » (*C*, VII, 9). Ce fut peut-être
un des rêves les plus excessifs sur le pouvoir des mots.

puissance de l'écriture

« *Écrire...*
*avec une si pure pointe, un dard si simple
que pouvoir suivre toute mouche — mais
naturellement passer dans toutes les minutes
de l'être —* » (*C*, III, 29)

On pourrait multiplier les notes qui tentent de définir
le but, en disent compulsivement le désir, dans les *Cahiers*
contemporains du dossier comme dans les plus tardifs.
L'autre face du rêve d'*un seul coup d'œil* est un projet de
Poète : « [...] *l'ambition extraordinaire de concevoir et de
dominer le système entier de l'expression* [...]. » (I, 658),
réduire le merveilleux cerveau, défini par un ensemble de
relations simples, à sa quintessence verbale. Le prête-nom et

le double idéal est certes Mallarmé auquel s'attache *l'Écrire*. Au-delà, il y a Edgar Poe, et l'« *entière confiance dans la puissance de la parole* » (pp. 1094-5 [47]) affirmée dans les *Marginalia*. Car le langage dominé doit exprimer tout, et même ces « fantaisies » — idoles, fantômes, dira Valéry — « *qui* ne sont pas *des pensées* » et paraissent « *à ces points du temps où les confins du monde qui s'éveille se fondent dans ceux du monde des rêves* ». À côté du chantier d'« Agathe », il y a le refuge des « éternelles notules », roman du conte bien souvent dont le sujet est *j'écris ; je veux, je dois écrire*. Un homme ne peut-il écrire le Texte total ?

Établir une sorte de calcul au moyen des fonctions générales de la représentation — de l'excitation — de l'arrêt, est-ce si fou ?
(*C*, III, 60)

Mon devoir n'est pas facile. Il s'agit [...] de redescendre aux vrais phénomènes si cachés sous les mots, [...] de décrire exactement les faits les plus instables, de construire de toutes pièces des notions nouvelles (*C*, II, 839)

Le voici, le but —
Saisir, faire sentir *[au moyen, parmi, avec comme matière et comme trame, structure fine — (des phénomènes élémentaires demi psychiques, demi physiques, quasi chimiques — durées de phosphorescences mémoriales, au travers desquelles d'autres choses, paroles internes, images, — puis reprise, l'heure ou une phrase entendue (il y a cinq minutes) durant encore — [...])]
quelque principale pensée — — qui — — — — —
(1) traverse, se perd, renaît — *profite* de cette absence et de ce qui l'a emplie ------- s'en nourrit
— qui ----- (2) signifie, me renoue et affirme. À la fois, hasard et conduite [...] (*C*, IV, 800)

Jamais peut-être comme au temps appelé naguère par la critique celui du Silence, l'Ego Scriptor ne s'est autant attaché à son acte. Nommons ce temps celui du J'ÉCRIS AGATHE. On en passera un jour au crible les difficiles secrets. À cette lumière, disons-le, les *Cahiers* ont brusquement changé d'aspect : je croyais les connaître, il m'a semblé les découvrir, découvrir en tout cas une autre lecture et une cohérence bien plus forte venue de ce texte en travail, là à côté, dans un dossier, et que la critique a pour l'instant laissé marginal. Le rapport *a priori* établi — supposons que les *Cahiers* éclairent « Agathe » — s'est à un moment imprévu inversé : ce qui soulève une question méthodologique généralisable qu'on se borne ici à signaler.

Si l'on va jusqu'au fond du projet, il faut évoquer un préalable geste de table rase, un doute cartésien appliqué au langage, qui serait le vrai commencement de la réflexion. Anéantir les conventions existantes pour en refaire d'autres, en montrer la validité par l'immédiate mise en œuvre, est l'intention d'un Scriptor dont le désir est toujours d'atteindre la limite. « *Pour bien faire, il faudrait probablement que le sujet invente de toutes pièces et en quelque sorte s'enseigne à lui-même un langage approprié (mais en quel sens ?) à la description de ce qui se donne immédiatement à voir.* »[50]. J. Bouveresse décrit ainsi l'idée d'un *langage privé* que Wittgenstein voulut réduire à l'absurde. Valéry, je le crois, en a tenté une réalisation pragmatique. Prenant le langage usuel comme un originel chaos, il veut y inscrire son ordre propre, installer dans un donné sémiotique hétérogène l'arbitraire rigoureux de conventions réfléchies ; en somme, construire un autre code à l'intérieur du code en opérant dans celui-ci une sélection très stricte mais imperceptible, ou voulue telle. Bien moins voyante que la syntaxe mallarméenne, la réfection valéryenne s'est espérée plus efficace ; plus généralisable en tout cas. Car la construction d'un langage ne perd jamais de vue la communication et l'idée, tôt venue de Poe, que la littérature est faite pour s'emparer des autres. « *Un écrit où chaque portion [...] épouse complètement au point de vue logique l'esprit du lecteur* » (C, I, 172), contraignant, manipulant, faisant gesticuler comme une marionnette l'esprit, tel fut ici le but : « *Un style qui aille tout droit toucher le fond de l'homme* [...] *toucher — et faire activement penser — forcer à agir et par un habile usage de la réversibilité qu'il y a entre l'écriture et le lire — faire effectuer un travail.* » (II, 539). Ainsi entre-t-on dans les secrets cryptés du « Manuscrit » : par le travail, par l'entière lecture attentive à tout qu'il faudrait peut-être guider par une préalable table heuristique. Certes le texte, inachevé, n'affirme pas qu'il illustre le « *je parfais tout* » (f° 97) disant le désir du Scriptor. « *Faire œuvre entièrement réfléchie — c'est-à-dire déduite de ses conditions prédéterminées* » (C, XI, 522) fut le « rêve » qui ne s'est jamais réalisé, mais dont « Agathe » approcha au plus près.

C'est sous le sigle éloquent du Mnss que Valéry rappelle plus tard sa « *volonté de Forme* » (C, VIII, 629), son intention d'imposer une « *organisation* visible » à ce qui se donne à connaître. Qu'un « Manuscrit trouvé dans une cervelle » réalise la parfaite adéquation ou identité contenant-contenu, et ce serait vécu, mis en scène verbale, « *ce rêve de l'objectivité* » (458) : « *que l'homme se retire de son esprit — que son esprit soit système de choses ; et comme formant, fournissant une* réalité *qui soit image conforme de la réalité* ». Pour cela, il faut « Refaire *la prose — Redresser l'animal scripteur* » (617), écrire, selon le mot valéryen, en *absolu*, c'est-à-dire en n'utilisant aucune de ces *mauvaises notions* « *qui ne permettent pas de combiner exactement — et qui ne se réfèrent pas à des observations permanentes* » (605). La règle est de ne jamais perdre de vue la convertibilité du langage en expérience, de demeurer dans l'expression au plus près du vécu corporel, défini par les sens et les muscles. « *Les noms de mouvements, gestes, etc. conviennent aux abstraits.* » (I, 758). Tel doit être le vocabulaire de base, fondé sur l'agir/sentir, les sensations et la motricité. Il faut donner des « *définitions* réelles *des notions premières* » (II, 764), et pour cela « *facere species intelligibiles* actu » (III, 465). Un des axes de l'écriture est le rapport de l'abstrait et de la métaphore qu'une longue réflexion théorique sous-tend. « *Les métaphores qui me viennent le plus naturellement sont celles qui font "contempler" en choses sensibles des rapports intelligibiles* » (VI, 782), affirmera Valéry en 1917. Boire, toucher, entendre, se mouvoir, voluptueusement palpiter, tout le registre de la sensibilité spéciale et les images qui s'y attachent tiendront lieu dans le texte des moments variés de l'esprit. La bonne formule est celle qui n'en dit pas plus et demeure sans reste, sans résonance vague ou fausse profondeur, pure dénotation sans connotation, comme les signes de l'algèbre. Dire exactement est peut-être le comble du pouvoir : « *Le secret serait de pouvoir dire* seulement *ce qui est — ce qu'on veut* — » (II, 726). À l'évidence c'est le désir philosophique qui ici pousse le Scriptor. Il ajoute, désignant l'entreprise qu'il veut surpasser en mettant en œuvre des moyens tout différents :

Les définitions de Kant sont belles — mais négatives pour la plupart. Comment se servir autrement que négativement ⁺|*criti-quement*| de sa définition du temps ? [51]

Valéry ne met pas ses travaux en système, au sens ordinaire, mais en pratique littéraire, en phrases. Le problème n'est pas de voir mais d'agir, et de montrer par là le mécanisme de l'acte : d'écrire, quand on n'est ni peintre ni architecte comme Léonard, ni musicien comme Wagner. C'est là un rêve d'Icare peut-être : « *le personnage par les ailes de cire du langage bat l'espace intelligible* » (fº 163).

Les moyens sont les plus modestes et les ambitions les plus hautes. Les moyens, c'est d'abord « *la* phrase élémentaire » (*C*, I, 244), avec sa « *loi à inventer* » — « *le nombre des mots, leur nature, leur organisation* » — qui soit « *vraie pour toutes les phrases élémentaires* ». Valéry songe à un calcul de sensibilité, à la « somme » ou plutôt à « l'ensemble » des phénomènes mentaux — des « Ph. Ψ » — que composent les éléments de langage mis en jeu. Dès lors se pose la question de l'ordre dans lequel ils vont apparaître : « *comment peut-on ordonner une collection d'événements* [...] *et peut-on l'ordonner d'une seule façon ?* » (II, 390). Ce qui peut donner lieu à des exercices méthodiques : « Écrire *plusieurs fois la même chose. Écrire de plusieurs sortes la même chose.* » (170). Nous examinerons de plus près ces « ailes de cire ». « Agathe » est l'ambitieux trajet qu'elles tentèrent de faire dans l'intelligible. C'est au temps de ce travail que Valéry écrit : « *Je vois quelque chose qui engloberait littérature et métaphysique — l'heureuse et la profonde — sœurs.* » (724). Il s'agit, on l'a compris, de la *bonne* métaphysique, celle qui est l'investigation d'un *faire* et aboutit à des « *actes sur une donnée* » où réside la seule philosophie. Tel est, apparu sur la même page, l'acte du Scriptor : « *Pas de vérité s'il n'y a un texte — une chose même dont elle est le portrait.* » C'est, au-delà de l'influence mallarméenne, le thème de « Léonard et les philosophes » qui est dès cette époque fortement posé. « Au fond, *toute philosophie est une affaire de* forme. » (487). Car le langage comme la pensée demandent que l'on sache enfin *«aller au fond... » (309), ou au moins en « *avoir envie* » : « *et s'il n'y a pas de fond, se taire* ». Valéry ne se tait pas et philosophe en créant, en cherchant à promouvoir une œuvre humaine au rang des choses accomplies et *vraies*. Si le conte d'« Agathe » put prétendre à réaliser la plus haute synthèse, ce n'est pas parce qu'il joue avec les éternels problèmes de l'esprit, mais parce qu'il rêva d'une règle qui fût à la fois d'art et d'intellect. La pratique littéraire crut pouvoir inscrire dans le maniement d'un langage soigneusement passé au crible, dans une précise mécanique de mots, l'exacte représentation du fonctionnement bien analysé de l'esprit ; par là, « *donner à [la] connaissance immédiate sa forme réduite et la plus puissante* » (I, 892).

Il faut ici concevoir un texte régi par le désir de l'entière réalisation des possibles, né d'être possible, d'être un possible agencement de signes dans une structure soumise à l'arbitraire strict d'une loi de composition. Une logique des relations voulut être ici proposée comme la figure de celle qui régit les opérations de l'esprit. Il fallait tenter d'établir une correspondance entre la loi d'écriture du « conte » et celle du fonctionnement mental et de lier par la même règle les éléments narratifs et les mots avec leur forme et leur sens. Car, nous le croyons, « Agathe » l'obscure fut trop écoutée comme un chant sibyllin. On doit l'entendre comme un calcul/philosophie, la relire plume à la main, la défaire, comme Valéry parfois « défaisait » du Mallarmé (voir *C*, V, 693 et XXI, 212). Le temps viendra où l'on fera le dénombrement complet puis le classement de ses mots, où l'on scrutera pas à pas sa grammaire. Il est étonnant que n'existe pas encore cette investigation méthodique à laquelle Valéry invite quand il affirme chercher, comme Rimbaud mais d'une autre manière, à échapper à la littérature « *écrite dans le langage du* sens commun [...] *Une littérature à procédés plus recherchés est possible* » (*C*, I, 616). « Agathe » rôde par là, les alentours le montrent : « *Quand la pensée pense à elle-même — elle fait une sorte de projection. Que conserve cette projection, voilà le nœud. [...] Je me trouvai si seul et si noir que...* »

Quand les *Cahiers* au cours des ans répètent obsessionnellement le désir d'une œuvre pure en prose, la référence semble toujours le « Manuscrit » abandonné, la secrète endormie, dès 1903 évoquée comme une nostalgie : comme l'énonciation parfaite faisant surgir d'une personne finie l'énonciateur ou le sujet universel. Le Scriptor qui note « *Éveiller, endormir celle-ci*, Αγαθη » (*C*, III, 43), qui rappelle le projet de « *l'ancienne Agathe* [...] *Une personne s'endort — je suppose un sommeil cataleptique — »* (106), inscrit entre ces deux jalons cet extrême de la volonté de puissance qui est domination atteinte de soi, du langage, de l'esprit et d'autrui :

> J'ai rêvé jadis quelque œuvre d'art — écrit, — où toutes les notions qui y seraient entrées, auraient été épurées — [...] J'ai écrit même quelques phrases qui se rapprochaient de ce dessein — [...] je désirais [...] que le lecteur malévole fût saisi tout à fait intérieurement par ces formes qui devaient atteindre de suite le mécanisme même de sa pensée et penser à sa place, au lieu où il pense (*C*, III, 78-9)

Prototype inachevable de cette prose absolue qui imagina parfois de se réduire à une seule phrase — une phrase Gladiator belle comme le bel animal (voir *C*, VI, 799) — « Agathe » s'inscrit dans un vaste effort de réfection de l'écriture qui se cherche simultanément des réalisations ailleurs. Participant avec *Teste* de la mise en cause des formes narratives, annonçant le « Mémoire sur l'attention » et l'élaboration d'une expression psychologique neuve, le texte poursuit parallèlement avec « *L'Amateur de poèmes* ».une création que la poésie, aidée de Rythme, Musique et Mémoire mène plus facilement à maturité. Mais le propos du rêveur de la nuit spirituelle est essentiellement semblable avec des moyens différents. Nommons-le, avec les mots de l'Amateur :

> L'interminable fil bande intérieure murmurée, babil purement possible dont la valeur générale est nulle

L'habileté [...] commence aux suppressions — coupures, sutures — Alors ce bavardage niais commence à ressembler à quelque chose — on le contraint à exprimer quelque vision, scène, mouvements, désirs, on simule tôt la merveille — d'une parole intérieure sans évasions, sans hasards, sans lacunes non calculées — qui se substitue à la mienne avantageusement.   (*AV*ms, 183)

Ou encore, plus brièvement : « *Je substitue à mon hasard une pensée combinée* » (*AV*ms, 199). Il s'agit ici de « *refaire en cristal* » (f° 51 v°), au sens où cristal métaphorise pureté et aussi l'infinité des plans de symétrie des structures cristallines figurant le plus haut degré de connexité.

Le problème est alors d'établir, en l'absence de contraintes héritées, les lois d'une « *métrique intellectuelle* » (*C*, II, 34) que ne propose nul *Gradus ad Parnassum*. Il n'y a guère que quelques maîtres, dont il n'est pas sans intérêt de voir Valéry commenter la leçon. C'est Mallarmé, avec la subtilité et la consistance de son écriture :

L'intelligence parfaite de la langue lui a fait diviser ses moyens au point de mettre en valeur les articulations qui sont pour la plupart des embarras. Or si on donne à chaque terme et à sa *fonction* toute la valeur possible — ce qu'on écrit prend forcément un caractère général — outre le retentissement complet de la série de sens du mot, sa fonction en soi est signifiée [...]
(*C*, II, 129)

Il faut projeter cet éclairage sur « Agathe », en ajoutant cette règle propre du Scriptor : « *Diviser les mots autant que leur grossièreté l'admet — pour saisir le système des implications.* » (*C*, II, 788). À Wagner, il demande le principe d'une construction d'une succession. Le « *truc* », c'est d'« *associer sa musique* en la composant *au spectacle* [...] *de façon à nécessiter, même pour l'auditeur sans théâtre, l'image très précise* » (187). La transposition littéraire implique de réaliser une succession qui soit d'images, non de mots : « *C'est celle de mots quand mots = images sinon, non* » (I, 681). Au temps du « Sourire funèbre », le poète débutant rêvait d'une symphonie en prose et du complexe jeu des leitmotive, et il y songe encore en 1899 même s'il lui paraît « *aussi pauvre que possible en littérature* » (800). Évoquant Wagner qui a « *introduit dans le drame la symphonie* », les *Cahiers* enchaînent sur le problème littéraire et les « *moyens techniques* » à trouver, « *dans les limites du langage* ».

On peut déterminer les conditions d'un art plus satisfaisant. Il ne faut pas oublier que la formule brutale est la suivante : Enrichir du plus grand nombre de combinaisons mentales possibles [...]
On pourrait écrire cette — équation : [...] la coordination des parties et des effets d'une œuvre toute formelle — égale — l'incoordination et la vraisemblance (effets) d'une œuvre très significative. (*C*, I, 800)

thèmes

« Agathe » est cette œuvre toute formelle, espérant parvenir à cette « crédibilité » qui est acquiescement au beau, né de la cohérence. Sa subtile texture musicale et la composition serrée des phrases et des paragraphes appellent une étude séparée, montrant aussi la progressive mise en place parfois préparée, comme plus tard dans *La Jeune Parque*, par des lettres en marge siglant l'ordre et d'éventuels regroupements. La logique nous retient ici plus que la musique. Nous dirons seulement que les répétitions dont Valéry faisait la base du cycle du rêve dans l'hypothèse narrative, cherchent à s'exposer dans un système de leitmotive qui apparaissent, se transforment, s'inversent selon un secret contrepoint. « *Une façon de regarder le leitmotiv, c'est de convenir* que tous les thèmes employés doivent *revenir — recommencer* » (*C*, II, 126). Une note voisine peut orienter notre lecture :

forme +|lignes| couleur lumière + recouvrements, transparence, profondeur, hauteur etc. — situation

Le dossier précise « *Pour Agathe même écrire par thèmes* » (f° 181), donnant de brefs résumés :

La noirceur — [...] images de mouvement [...] simple changement — le bruit le temps [...] Recherche — problèmes [...] L'à propos-
Intellect — (f° 121)
L'à propos — La clarté [...] L'intellect — Le hasard mental —
Les 2 mondes (f° 120)
P th de la durée — transparence —
A th du nombre, et du self comptage
Q th du pouvoir et de la clarté
voir
th de la recherche ou du problème — (f° 125)

Composant une part essentielle de la trame concrète, même s'il est mis dans l'argument sous le signe de l'effacement progressif, c'est le thème des sensations « *un son, une odeur, une fraîcheur passent* » (f° 70 v°) ou le « *motif du domaine des sens* » (f° 109) qui se prêterait le plus facilement à l'analyse. Des palettes parfois détaillent un thème, cherchant pour la mise en texte ses variations et transformations ; tel celui de la noirceur ou « *invention du noir* » (f° 17) :

obscur   encre
noir   noir sans contraste
ombre   massive, dure
nuit   bronze
ténèbres   charbon — ébène —
                  dans quelque chose de brûlé de consumé   (f° 16)

Il peut conduire à l'oxymore du « *noir éclatant* » (f° 147) :
« *Faire le noir éclatant à l'infini* » (f° 14 v°), ou enfin à cette
limite qu'est le « *corps noir* » (f° 198), métaphore, dans les
Cahiers, de la conscience absolue, du Moi pur ou de Teste.

Il faut ainsi s'exercer à lire le texte selon le *noir* ou
le *pouvoir* ou l'*intellect*, examiner dans cette perspective
« *l'art de la succession des phrases* » (*C*, III, 110), dont Valéry
déplore l'inexistence : « *Peut-être pour essayer, pourrait-on
prendre un système conventionnel d'alternances — une règle
arbitraire.* » C'est, transposé dans le « *degré de symétrie* » le
plus élevé, le déroulement cyclique des représentations chez
la dormeuse dont un exemple simple est donné dans le rappel
de l'ancien projet : « *Ainsi : Chien, lune, amour dans la nuit,
aboi, chien etc...* » (106). Écrivons : *changement, ombre, clarté,
idée, corps, mouvement, espace...* et faisons tourner en
l'élargissant de ses harmoniques la série. On obtient ainsi
un modèle de l'écriture du « Manuscrit ». Une loi d'alternance
inscrit régulièrement les objets abstraits tel le possible dont
quelques notes éparses esquissent la mélodie :

Je suis calme, et clair
je vois le possible et en particulier les 2 zones   (f° 152)
J'ai là... dans cette ombre |*nerveuse*| — tous les mouvements [...]
Tous les commandements
                 — les pouvoirs réels
Tous les commencements. [...]
je me trouve à l'origine [...]   (f° 178)

Citons encore, sans détails car ils rejoignent d'autres analyses,
les thèmes nommés « *imitation du sommeil* » (f° 18), « *mœurs
des rêves* » (f° 163), « *l'être fait pour l'oubli* » (f°s 22 v°, 161),
« *je touche mon fond* » (f° 90), « *Humain presque debout* »
(f° 104), et celui de l'apparition qui ouvre et clôt le texte —
« *une lueur* [...] *paraît* » (*AG* 1) ; « *le point de son appari-*

tion » (*AG* 11) — et se cherche pour sa première occurrence des épithètes : « *brusque délicate pauvre apparition* » (f° 22). Il se lie à celui de la lucidité ou de la transparence : « *Ici la lucidité intervient — varier — introduire nouveaux termes.* » (f° 34), touchant donc aux deux fils essentiels de la lumière et du mouvement. Clairement indiquée dans le dossier, cette composition par thèmes doit s'inscrire dans un cadre tracé : « *Les th. se rattachent — au* pouvoir *P (dont* Agathe *sera une application), au* temps *T., à* l'état $t_p e$, à l'État en général *E* » (f° 153). Dans ce monde de la mouvance où la stabilité du réel est par hypothèse exclue, la répétition du cycle et sa structure devaient, on l'a vu, jouer le rôle d'une sorte d'objet fixe, analogue au monde extérieur de la vie éveillée. L'organisation des thèmes intervient par là dans la construction conceptuelle.

Tout l'appareil théorique qui jouxte le texte est fait pour aboutir au « *style le plus voulu* » (*C*, I, 679), à la « *rupture méthodique des associations et des formes toutes faites du langage* », au « *mélange savant [des] tons en littérature* », en n'employant par exemple ni *gai* ni *triste*, mais « *glacial, coloré — abstrait, concret* », ou encore le ton de l'« *illumination* » (f° 111). Ce fut une tentation du plan et de l'écriture, dont des guillemets désignent assez clairement le référent rimbaldien :

(faire une « illumination » interne par juxtaposition d'effets incohérents)
A. Nihil est in intell. [...]

B. Agathe $\Big\{ \equiv$

C. Illumination [...]
D. Répétition final.   (f° 111)

Parmi les clartés et lueurs apparues dans cette prose qui rêva de se confronter à tout, il faut désigner celle-ci. Autant que Mallarmé on le sait, Rimbaud hanta le rapport au langage : deux leçons, deux modèles aussi opposés et apparemment incommensurables (avec quelle secrète commune mesure ?) que le sont la veille et le rêve. Ici encore il faudrait voir comment Valéry tenta de subsumer. Soulignons qu'un moment d'« Agathe » au moins envisagea de s'écrire « *par juxtaposition d'effets incohérents* ». *« L'incohérence harmonique » (*C*, XXVI, 819) par laquelle en 1942 Valéry définit l'art de Rimbaud est d'ores et déjà là [52] : c'est-à-dire la consistance par les harmoniques sous l'incohérence logique ; les discordancces réglées dont « *seule une bonne oreille peut jouir* » (III, 105) : « *en somme des dissonances étonnamment exactes et des complémentaires verbales — ceci sur un fond d'observation sensorielle. Un très subtil sens musical aussi. Et d'ailleurs tout ceci en liaison initiale.* » (XXVI, 918). La note suivante revient au thème ancien d'une « Science du langage » qui anime tout le « Manuscrit ». De ces incohérences subtiles qu'il put mettre en œuvre, la trace reste à chercher. Bornons-nous à entrer, par l'esquisse brève d'un paysage imaginaire, ville, boue et feux (cache-t-il le référent Etna, menaçant Catane ?), dans un lieu d'écriture qui s'élabora comme en regard de deux intertextes concurrents [53].

Sauf que, même en ce coin unique où mes êtres quelconques se consument à l'égal — entre quelque chose indépendante : le bruit, ondes enveloppant une distance où je |forme| une masse de nuit, de capitale et de feux. L'extrémité de la rumeur basse de la ville vient dans ma sphère singulière. Tard ce bruit se décime et les derniers changements se comptent. [...] L'ouïe se délie, s'épure, se confond à l'étendue où (Un désert descend) elle surplombe un lieu qui se fait immense.   (f° 30)

Des mots savamment disposés sur une page quadrillée gomment le paysage (l'illumination ?) pour faire lire autrement le thème du *Sauf que* :

                                    |*L'ombre*|
                        présente |*l'univers*|
          multiple   spectre |*de l'extérieur*|
                  influence   de l'espace à peu près accalmi
                  système   de connaissances
                                  nul   variées
                                       ou
                  imminent   indifférent
        cette   Qu'importe celle qui se présente   au sujet
une   Ombre !   des réflexions
                  cède —   (doucement)
                              à
                        toute
                                créature   ravivée   prolongée
              et ce serait l'esprit,

              Si ce n'est que   palpite
                        isolé
              bien limité,   bien pur
                    seul
                              un son   ·
                              une odeur
                              une fraîcheur
                                    passent   changent
                        à l'horizon du   varient
                              monde   parfois s'échangent   ·
                                                        (f° 70 v°)

                        marginalia abstraites

    Quatre-vingts pages environ sont consacrées à une écri-
ture mathématique occupant parfois recto et verso, mais
plutôt le verso qui lui est alors entièrement consacré. Nulle
recherche suivie pourtant ne s'élabore parallèlement au texte
littéraire en travail. Les calculs ne se continuent pas d'un
feuillet à l'autre et n'aboutissent pas à une conclusion.
Comme les notes, ils reprennent souvent les mêmes thèmes,

et restent enfermés dans l'unité page : c'est la mesure, déterminée sans doute par la saisie visuelle de l'ensemble, qu'on rencontre le plus souvent dans tout travail valéryen. Si l'on peut y trouver des graffiti sans importance, il est pourtant clair qu'ils ne sont pas là par hasard, non plus que par souci d'économiser le papier. Les replacer exactement dans l'acte de l'esprit qui tout à la fois écrit « Agathe » et calcule exigerait un travail dont on ne peut ici que dire le désir. Il est hors de doute en tout cas qu'il faut, autant que les notes, schémas ou « brouillons », les verser dans ce qu'on nomme aujourd'hui *avant-texte*. Mieux encore que les « palettes » de mots, ils sont l'espace où l'esprit se joue librement et s'exerce, cherchant au virtuel *Grand Dictionnaire Analogique* des choses abstraites ou concrètes, les secrètes consonances des idées et images dont le profane ne voit pas le rapport. Des jalons dans l'écriture même le disent clairement. Songer d'introduire le nombre dans la représentation de la vie mentale, s'approcher au plus près de l'infiniment petit par l'infinitésimal est la voie qui peut conduire, à travers des calculs de géométrie différentielle, à l'invention enthousiasmante de la « *différentielle d'idée* » (f° 46), concept d'une neuve psychologie, en même temps qu'espoir d'une trouvaille d'écriture qui aurait exactitude et aisance semblables à celles du mathématicien étudiant la différentielle d'un arc de courbe (f° 50 v°). C'est sans doute le dépit de l'Ego Scriptor qui parfois multiplie les erreurs comme des actes manqués.

De nombreux calculs paraphrasent les notions de suites et de limites dont le texte a fait un leitmotiv. Où Pascal invite l'esprit à prendre essor à partir du soleil et du ciron, l'imaginaire abstrait s'installe parmi les nombres et les conceptions d'une science imprégnée de philosophie. C'est retrouver l'antiquité angoissée devant la découverte des incommensurables, et la métaphysique du nombre qui jusqu'à l'époque contemporaine marqua les mathématiques. Écrire « *théorie des limites* réelles » (f° 149) provoque, en guise de commentaire, le calcul de la somme des termes d'une progression géométrique, et engage à rêver sur de telles progressions : elles mènent à l'infini quand elles sont de raison supérieure à 1 (série divergente) tandis que la série convergente, de raison inférieure à 1 tend vers une limite : $\frac{1}{a}$ dit elliptiquement un feuillet (f° 15 v°) tandis qu'un autre détaille « *l'épuisement de l'intérieur* » (f° 136) et la place décroissante des sensations et idées dans la pensée de l'endormie : « $\frac{1}{4}$, $\frac{1}{8}$ —— » (f° 110). Qu'on ne voie là nulle naïveté scientiste ni complaisance aux artefacts. On peut rêver sur des abstractions comme d'autres sur un sourire, une fleur, d'étranges lignes sur un mur, ou bien sur des poèmes étrangers. Notre temps volontiers parti en quête d'un initial objet d'amour perdu, ne sait plus comme les anciens courir après Achille et la tortue et oublie parfois l'exhaustion [55] d'Eudoxe au profit de celle qui vide un puits. Le geste de sainte Alexandrine-Agathe dit que le salut est dans la pureté : soit encore dans l'abstraction. Le ciel du *Timée* était circulaire, et le cercle règne ici aussi : figure essentielle qui participe à la fois du concret et du nombre, il est un moyen original d'imaginer la dialectique du fini et de l'infini. L'écriture commente :

Ce cercle divise mon champ en 2 parties.
l'une finie l'autre infinie où j'erre à volonté
     où je ne puis entrer   (f° 44)

Faute d'y entrer, on en fera le tour, on s'en approchera de plusieurs façons : on peut calculer des tangentes (f° 159), tracer une courbe orthogonale aux tangentes d'un cercle (f° 115), ou bien s'installer sur un autre cercle qui roule sans glisser autour de la circonférence impénétrable (f° 174 v°).

L'imaginaire formé aux exercices géométriques a mille moyens pour rêver des vains gestes faits auprès de l'inaccessible : actes bien réglés, plongeons abstraits d'un pêcheur de perles qui se sait voué à la déception, mais célèbre pourtant la fécondité des obstacles et des difficultés : « *Je chante ce qui est connu et inconnu les problèmes précis irrésolus* » (f° 47 v°). « *Zénon nombres entiers* » ajoute ailleurs une annotation (f° 48).

La mathématique n'est pourtant pas le simple atoll de pureté où s'enclôt celui qui faute de pouvoir agir se plaît à l'*agir sans agir* qu'on joue avec les nombres. Elle dit l'acte de foi dans l'analogie ou dans l'unité de méthode du savant, de l'artiste, du philosophe. Comme les signes se correspondent, ainsi les actes de l'esprit. Qu'une image géométrique dise à sa manière : « *je commence à changer d'espace, à ne voir dans un mouvement que son plan* » (f° 188) n'est pas simple illustration, mais transmutation d'un système de pensée dans un autre. Mais le plus remarquable ici est de découvrir le modèle tacite qui fit naître bien des calculs et régit un grand nombre de ces notes mathématiques. C'est celui que célèbre Poe dans *Eurêka* : Newton, ou plutôt Kepler, et son invention d'une loi qui paraît expliquer. Tel est un des secrets de ces marginalia abstraites : le désir d'être le Kepler de l'univers mental, de *deviner*, d'*imaginer*, d'obtenir « *par la simple force de l'*intuition » les lois de la « *gravitation* » (voir f° 17) des idées. Sur ce point encore, il faudrait interroger longuement les *Cahiers* :

L'étude des procédés mentaux est [...] *tout*. En effet — la loi de l'attraction, — inventée, est un processus mental, une suite d'opérations sur des choses que tout le monde peut connaître. De même un chef-d'œuvre littéraire ou autre est fait avec les mots *connus*. [...] Il s'agit de comparer tout ce qui est, à un mécanisme spécial parfaitement universel — — (*C*, I, 237)

« *Suppose un langage ou algèbre A construit
à part avec des symboles représentant l'univers psychique — avec ses relations, ses
équations de condition, etc.* »   (C, VI, 835)

Cette supposition est aussi un projet : « *une littérature
vraiment philosophique — un vrai symbolisme* » (*C*, VI, 835),
un système construit « *dans le langage ordinaire et sous ses
formes usuelles* », devrait présenter, traduit en parler commun, en « *démotique* », « *un* fragment *du langage A* » : « *un*
fragment, *car ce langage A serait tel qu'il serait un seul
discours — unique et insécable — Il n'admettrait pas 2 discours non reliés — Il n'admettrait même pas un sens.* »
« Agathe » s'efforça d'être un tel fragment, un complexe calcul
de langage dont les secrets restent à bien déchiffrer. Un des
principes les plus simples semble être l'application aux
objets mis en jeu (sensations, opérations de l'esprit) d'un
certain nombre de catégories. Dans les *Cahiers* et le dossier,
des listes de mots qui sont de logicien plus que de poète
ou de coloriste montrent que le travail d'un secret Organon
guide le Scriptor dans son tri. Il faudra chercher un jour
jusqu'où Valéry est allé dans la recherche d'une table person-
nelle. Plus tard, une feuille glissée dans un Cahier d'août 1917
cite Aristote et la *Métaphysique* :

[...] il y a 4 sortes de changements : changement d'essence, de
quantité, de qualité et de lieu. Le changement d'essence c'est la
production et la destruction proprement dites. Le changement
de quantité, l'augmentation et la diminution. Le changement de
qualité, l'altération. Le changement de lieu le mouvement. [...]
Mét. XII 2   (inédit)

Une autre feuille s'attache à définir la philosophie : « *penser
formellement ; penser pour faire coïncider sa pensée actuelle*

avec l'ensemble de la pensée possible » (inédit). Si Valéry ajoute : « *Et qu'est-ce que penser ?* », c'est pour répondre comme au temps de la nuit de puissance : « *Essayer de posséder la plus grande liberté de mouvements de l'esprit, et une liberté ordonnée.* »

On verra quelle liberté ordonnée règle l'apparition de « *monstres de mouvement et de changement* » (*AG* 3). Ce que Valéry veut, c'est « *logiquer* » (*C*, I, 900), c'est parvenir à « *cet art combinatoire supérieur qui est le fond et la clé de la haute écriture* » (VII, 643) [55] ; ajoutons : par là même le reflet de la structure de l'esprit. Le texte veut exploiter à la fois le pouvoir représentatif et la virtualité créatrice d'un inventaire logique, avec l'espoir qu'une analogie formelle entre la production et le produire révèle à celui-ci sa loi :

la loi [...] de l'esprit cachée au *lieu* même où
confondue à lui   (f° 114 v°)

Le vocabulaire fondamental est celui qui désigne des états simples du corps — « *la chair, veilleuse close, pierre pure, changeante en tout* » (*C*, I, 678) — couplés, selon une équivalence métaphorique claire, avec les actes les plus généraux de l'intellect. L'ensemble du texte, énumération ou mise en ordre prenant dans le registre narratif la forme obligée d'une succession temporelle, décrit « *la grandeur du système pensé qui se transforme ; le roulement des transformations* » (809) selon une double loi de cohérence significative et formelle. L'une relie, par exemple, « *je vois - je touche - je berce - je dénoue la nage - je tremble - je vole - je sens - j'ai le désir - je touche - la palpitation* [...] *ne ravive plus qu'à peine ma chair* » ; ou bien « *je pense - j'écris - je distingue - je devine - je gouverne mon esprit - j'approfondis - je pressens - je m'avance - j'en suis proche - je ne goûte plus d'idée isolée* » ; ou encore « *ombre - minuit - constellation - rêve - secrets du sommeil - désir de demain - calme - clarté - midi* ». L'autre explore de proche en proche « *l'implexe* harmonique » (*C*, XXIX, 50) : synonymes et homonymes, métaplasmes, symétries, contraires, translations du sens à travers nom, adjectif, verbe, adverbe. Ainsi « *minuit - clarté - ténèbre - jour brillant - lueur pauvre - joue terne - bue - noirceur - éclat* » (*AG* 1) ; ou encore *jour, joue, bout, bois, boue*, etc. Le problème fut de concilier la rigueur des enchaînements de relations et les allures d'une modulation musicale, la « *mélodie des associations d'idées* » (*C*, V, 25) doublant celle des associations de mots grâce à ces rapprochements par les signes que seul le langage permet et qui réunissent « *des objets de connaissance qui par eux-mêmes n'auraient jamais eu de rapports* » (XIII, 339). Il s'agit de gouverner en les mimant les « *tropismes* » (XXI, 158) qui structurent l'univers mental et verbal. Pour illustrer la notion d'« harmoniques », les *Cahiers* donnent très explicitement un exemple tiré d'« Agathe » (*AG* 4) :

harmoniques — Cf : « une profonde, intarissable sibylle »
(profonde + intarissable) = source, eau
        et source + sibylle = tableau vague.
        source sibylline
        voix, chuchotement, eau
    Or les *notes* fondamentales sont les trois mots écrits ci-dessus.
                                  (*C*, II, 179)

Le but est de pousser au plus loin la « *connexité d'une page* » (893), de chercher de très fortes contraintes qui règlent l'écriture par des opérations gouvernant mêmement la rhétorique et le sens.

    Sous le signe de la self-variance, Valéry veut donc faire varier dans l'écriture comme on peut « *faire varier* [...]

dans son esprit » (*C*, II, 219), et substituer « *à une chose sa contraire, sa contradictoire, son opposée ou sa symétrique etc.* » (*C*, I, 309). L'opération de base, celle même du travail de l'esprit, est l'apparition/disparition ou la génération/corruption. Elle domine l'ouverture : « *je les ai conçus* [...] *ils disparaissent - Une idée devenue sans commencement* [...] *devient même nulle - une lueur* [...] *paraît* [...] *se transforme en une joue* [...] *bue par la noirceur* » (*AG* 1). Le thème inverse, le lever d'étoiles/idées, répond à celui de la constellation défaite et clôt l'aventure sur la clarté : « *Ici, brille* [...] *Une se lève* [...] *Elles montent* [...] *mues jusque vers le midi admirable de ma présence* » (11). Si la pensée dit « *je suis ce qui continue* » (f° 96), le changement affecte son contenu. Les brouillons tâtonnent longuement pour mettre au point l'écriture selon le *plus ou moins* — « *crescere aut minuere* » (*C*, I, 171) — , *l'altération, le mouvement ou le repos local.* Le thème le plus simple est posé d'emblée : « *connus - étonnants - mieux connus - disparaissent* » (*AG* 1) ; ce qui se dit autrement : « *Je fixe, j'ébranle, je perds, par le mouvement* [...] *rien* [...] *ne bouge.* » ; ou, avec un glissement vers un autre champ : « [...] *je gagne, je perds, et il y a un lien...* » (9).

Si l'on cherche à classer, on verra que s'altèrent l'idée, la lueur, les inventions, la noirceur (*AG* 1) ; les formules et les idoles (2) ; la puissance et la faiblesse — « *Ma puissance est désordonnée, ma faiblesse n'est plus la même.* » (3) — ; la prévision, la surprise (4), la difficulté, les problèmes (8), la créature désirée et bien sûr la pensée : « [...] *chaque pensée se module, tourne en observation d'elle-même* [...] » (9). Augmentent et diminuent la connaissance, la lumière (1), l'intelligence des formules (2), la liberté et l'agilité — « *À cause d'une liberté secrète, qui augmente,* [...] *je délivre en moi-même une source d'agilité fidèle* [...] » (3) — ; la rumeur — « *le retentissement se décime* » (4), l'ouïe et le désir de son, la

nuit et l'éveil : « *Tant le silence se fixe et la nuit se fortifie,
qu'ils m'éveillent de plus en plus.* » (5). La nouveauté aussi
connaît ses avatars : « *peu à peu nouveaux,* [...] *tous les êtres
connus* » (1), « *toute nouveauté en devrait être affaiblie* » (9).
On pourrait suivre de même les jeux du fixe et du mouvant.

Transformer, transporter, anéantir, devenir nul, tels sont
les mots qui désignent ou sous-tendent le processus constant
de variation/annulation. Il mène de la sensation aux images
puis au concept et à son remplacement, avec comme champ
le temps noté par les adverbes (*peu à peu, lentement, tout à
coup*) ou par sa transcription corporelle, l'effort ou l'absence
d'effort (*difficile, sans peine*). C'est la figure minimum de
la toile de fond du texte : aller à la limite, soit ici « *imaginer
jusqu'à détruire l'image* » (*C*, I, 308), ou bien concevoir jusqu'à ne plus concevoir. Sur ce modèle, les nombreuses
ébauches du début montrent la paraphrase en train de se
faire. Sur le mode abstrait, ce sont les variations des « êtres
connus » : « *Après tant d'habitude, ils ont paru difficiles pour
un moment, ils me travaillent et changeront enfin leur
manière.* » (fº 13). Concrètement, on verra les transformations
des apparitions sur le noir :

J'y mets des lueurs près de moi, de la chair grise, des physio-
nomies qui sourient terriblement, des espèces de constellations.
J'y écris des formules comme avec du phosphore [...] elles
s'endorment à mesure même que j'allais commencer à les
changer —   (fº 14)

Une version plus élaborée module les passages pour établir
enfin l'équivalence d'« *une joue* [...] *bue par la noirceur* »
(fº 25) et d'« *une région anéantie* ».

La variation étudie aussi systématiquement ses possibles
selon la forme et l'informe, l'un et le multiple, le continu et
le discontinu, l'actif et le passif [56]. Après « *j'ébranle* [...] *par*

le mouvement de mes yeux » (*AG* 1), on écrit « *je suis mû* » (8) ; après « *bue* », « *reviendra me boire* » (3), et encore « *se penche sur le vide pour boire le moindre son* » (5). On met en paradigme « *je pense - pensé - pensant - ce qui pense - pensera* ». On explore aussi les déterminations concevables :

Une « idée » peut sembler

grande,	obscure	vague	neuf
petite,	claire,	précise etc.	connu

[...] chercher le rapport entre le *fond* de l'idée et ces caractéristiques ? (*C*, I, 607)

Dans le texte, l'idée « *se fait claire, mais fausse, mais pure, puis vide ou immense ou vieille : elle devient même nulle* » (*AG* 1). Une loi pourrait être « *simple, puissante, féconde, générale, neuve, claire, solide, brève* » (f° 93). Le manuscrit qui note en marge, comme un rythme, « *- m - p - o - o - o* », « *ou mais puis* » (f° 16), révèle un des secrets de la mise en phrase et en ordre : « *Le plus important du discours c'est le si, le ni, et le car — le mais — etc. car enfin ce sont eux les articulations de l'individu —* » (*C*, III, 31). Des palettes métaphoriques viennent préciser les notions : « *Maison, grande comme éléphant ———— blanche comme la lune ———— belle comme femme etc. ———— clivée comme un diamant —— lune blanche comme maison etc. réversibilité.* » (I, 908). On pourrait projeter sur « Agathe » une grille que les *Cahiers* s'efforcent d'affiner (III, 198—204), explorant *agir* et *subir* : « *agir en général* [...] *agir particulièrement* [...] *subir en général* [...] *subir particulier* [...] *agir et ressentir* [...] *subir et réagir* [...] » (198), en classant les mots selon qu'il y a ou non conscience ou encore but impliqué. *Se mouvoir, écrire, regarder, dormir, désirer, voir, ouïr* trouvent leur place dans ces schémas où interviennent aussi intention, moyen, résultat. Un texte inconnu se découvre quand on lit ainsi selon cet axe « *i.m.r.* » (200), ou quand

« *pouvoir* » se détaille : « *avoir de quoi *[faire ou subir], être dans les conditions pour, rien ne m'empêche de, rien ne me manque pour.* » (202). Citons seulement cette déclinaison sémantique :

Sommeil — être en sommeil, faire le sommeil, défaire — —, vouloir le sommeil, pouvoir le sommeil, commencer le sommeil etc. → |dormir, endormir éveiller x.| (*C*, III, 204)

Le vrai lecteur du « Manuscrit », ce devrait être celui qui saisit à travers les mots enchaînés « *Le Colloque des Images avec les Signes* » (*C*, II, 521) ; celui qui, vivant de tous ses muscles et ses sens la métaphore, y associe par un instinct savamment fabriqué le jeu de l'intellect. Lieu traditionnel de la réflexion rhétorique, la métaphore est chez Valéry le plus vaste champ de la réflexion littéraire et métaphysique. À travers elle, il touche au triple registre de l'abstraction, de l'image et de l'exploration méthodique des opérations, à la notion aussi de *symétrie* qui rejoint celle de *consistance*. Il admire Mallarmé d'avoir su donner à cette figure « *la valeur d'une relation symétrique fondamentale* » (*Œ*, I, 658). Pour unir plus étroitement s'il se peut la forme et le fond, il utilise l'argument d'« Agathe » comme principe d'une écriture. Car le rêve est le métaphorisme absolu, où tout est aussitôt pris au pied de la lettre, où l'idée presque claire *est* flamme de bougie. « *C'est un monde* [...] *où tout est égal — où il n'y a pas de métaphores* » (fᵒˢ 10, 111).

Les métaphores sont réalisées et parfaitement symétriques dans le rêve, c'est-à-dire qu'un terme n'est pas considéré comme principal et présent, aux dépens de l'autre, mais tous deux se montrent et sur le même plan (successivement) (fᵒ 131)

Les brouillons montrent constamment le gommage de l'équivalence, bientôt devenue une égalité. C'est l'acte d'un grand art philosophique qui transforme l'écriture laborieuse —

|*Sur le velours du minuit, elle, ou sur le nu de l'esprit*| (fᵒ 22 vᵒ)

— en affirmation unitaire posant les conditions *a priori* d'une apparition ou d'une pensée : « *Sur le nu ou le velours de l'esprit ou du minuit* » (*AG* 1). Il faudrait examiner où mène la « *table de métaphores employées pour l'expression de la connaissance* » (*C*, II, 725) dont les *Cahiers* cherchent le détail, en se souvenant aussi que les plus belles figures sont « *un chapitre de la logique des relations* » (VII, 33). Ce serait un autre livre. Disons seulement que si Valéry affirme l'« *impossibilité de noter [les] abstractions sans métaphores* » (II ... il pose clairement la question : « *Mais ces abstracti... quoi consistent-elles hors le langage ? Ecce punctum...* réduit en définitive le problème de la pensée, et de ... sance de la connaissance, à celui de la métaphore... à une pratique du langage devenue désorma... « *On trouve en dernière analyse que nous ne... la pensée que les parties qui sont exprimables... et que nous attribuons souvent à la pens... qui proviennent peut-être de la métaph... cette infime ou immense découverte r... rêve rayonnant d'un livre où tout ser...

L'ÉCRITURE ABSOLUE
ET LA MYSTIQUE SANS DIEU

Réduit à son incipit, le thème fondamental d'« Agathe »,
Nihil est..., rejoint le cri du Solitaire : *« Rien, rien, rien,
rien ! »* (*MF*; II, 383). À côté de l'antique débat des origines
de la connaissance, il faut poser celui, plus moderne, d'une
pensée qui n'a plus, comme celle des anciens ou de Descartes
et de Leibniz, un Dieu pour fonder son être, ses démarches
et ses certitudes. Le problème des idées innées, de l'harmonie préétablie ou du modèle à demander à la nature (chez
Locke par exemple ou dans la *Logique* de Condillac) était
indissociablement lié à l'affirmation de l'existence divine et
même de la bonté. Au temps de la mort de Dieu, que reste-
t-il à l'homme sinon le recours à ses propres créations, avec
pour garant un soi-même dont l'ambition ou le mot d'ordre
est « farsi universale ! [...] *se rendre universel !* » (*LV*; I, 1160).
Chercher la Représentation au miroir abstrait de la logique
ou de la mathématique, ou encore à celui, plus subtil, de
la prose, est l'avatar actuel des tentatives métaphysiques.
Valéry dit assez clairement que son *« analyse* absolue » propose *« un nouveau sens pour les* Idées *de Platon et Cie »*
(*C*, VII, 280). C'est un espoir/désespoir qui se cache dans le
« Manuscrit », qui crut pouvoir poser un « *Je pense — tout* »
(I, 696) face à « *dieu — celui qui sait tout* » (710) et rêva de

faire de l'écriture l'Écriture, suprême philosophie, table de la loi de l'esprit.

Dans sa recherche, la nostalgie valéryenne s'est tournée vers les tentatives universelles des essentialismes. Un modèle secrètement choyé fut la scolastique. « Agathe » montre à chaque instant le désir de retrouver la position ancienne, de s'opposer à une modernité qui joue « *la moyenne contre l'Essence. Et les probabilités contre les lois* » (*C*, VI, 130). Cette essence ou cette Loi des lois cherchée, Valéry espéra la trouver dans une forme qu'un art pourrait prendre en charge. Art des idées, dont le grand texte « Léonard et les philosophes » donne la formule, sous l'alibi de la peinture et du Vinci : « *Il se fait de cet art* [...] *une idée excessive : il le regarde comme une fin dernière de l'effort d'un esprit universel.* » (*Œ*, I, 1259). C'est le sens d'une singulière mystique dont « Le Manuscrit trouvé dans une cervelle » fut à la fois la trace et l'enjeu. *« [...] il n'est point de mouvement concevable [*dit l'abbé à Émilie Teste*] qui n'ait sa direction et son sens, et qui n'aille enfin quelque part !... » (II, 34). L'aventure abstraite va vers l'autosuffisance quasi divine qui conduit de la sensation effacée au Moi invariant, Limite, « *formule du Dieu* » (*C*, VI, 45) : « *Je ME pense : donc, je suis.* » (II, 184). L'ambition est celle plus tard prêtée à Descartes : « [...] *ce Moi se trouvera bien tout seul son Dieu, s'il le faut ; il se le donnera, et ce sera un Dieu* [...] "*nécessaire et suffisant*" » (*Œ*, I, 809). Il faudra étudier la philosophie valéryenne et situer dans l'histoire la réponse apportée au problème du fondement de la connaissance quand elle n'a pas un au dehors. « *C'est une ˄orte de tatouage* » (*C*, II, 194), et sur ce tatouage supplémentaire qu'est l'écriture on peut encore beaucoup gloser. Évoquons seulement l'ambition méphistophélique — le « *Que serais-tu sans l'orgueil ?* » (79) — présidant à l'entreprise du « Manuscrit » rêvant d'être le fragment et la trace d'un Tout. Faust encore, prêt à revendre pour un livre son âme, dira le désir de rivaliser avec « *un petit poème, très vieux, très sec, gravé, il y a très, très longtemps sur pierre polie* » (Œ, II, 316) : « *Cela s'appelle le Décalogue, autographe unique de l'Auteur.* » Tout se joue alors dans le jeu de l'homme et des signes, de l'« *homo nudus* [...] *prêt à tout* » (C, I, 808) et affirmant : « *Je ne suis rien. Mes idées* [...] *me laissent le possible.* » (806). L'écriture explore le champ du possible. Elle est la figure de la tension vers l'inaccessible, du désir demeuré désir qui définit l'homme si « *l'essence de l'esprit est un désir de coïncider avec son tout* » (X, 608). Tenant lieu ici d'une connaissance achevée, elle est l'empreinte d'une « *intelligence en acte* » (VI, 816), et l'« *intelligence est en quelque sorte l'habitude la plus parfaite de l'âme* ». Ainsi nommera-t-on l'Auteur des onze strophes dites « Agathe », emblème féminin mis sur un manuscrit :

... Et me dit d'une voix si basse — qu'elle semblait ma pensée : — (Ici, *imitation* de la pensée.)
...... Image ......   (C, I, 839)

NOTES

1. « An Abstract Tale » porte comme sous-titre « La Révélation anagogique ». Cf. *HB* ; II, 466-7.

2. On inscrira cette œuvre d'Aristote (Περι της ψυχης) dans l'intertexte de notre recherche.

3. Publié par Agathe Rouart-Valéry sous le titre *Agathe* que Valéry avait écaf*ö* en 1906 pour donner ce prénom à sa fille (Paris, 1956, un état du texte et fac-similé d'un manuscrit), le texte est repris in *Œuvres*, II, 1388—92 (1960) et in *La Jeune Parque et poèmes en prose*, édition présentée par Jean LEVAILLANT (Paris, Gallimard, « Poésie », 1974). Édition en plaquette sous le titre *Agathe, conte singulier* (Nantes, Le Temps singulier, 1980).

4. « *Et maintenant, quand je pense ce nom, je ne pense plus à l'autre, — à celle psychologique et si brune et obscure de naguère...* » (*Œ*, I, 31) [lettre à Jeannie Valéry].

5. *Agathe* et ses critiques :
— André ROUSSEAUX, « Feuilleton » du *Figaro littéraire*, 16 févr. 1957.
— Émilie NOULET, « Agathe », *Les Lettres nouvelles*, nº 48, avril 1957 ; —, « Un Texte inédit de Paul Valéry : Agathe », *Bulletin de l'Académie royale de langue et littérature française* (Bruxelles), vol. 35, 1957 (repris dans *Suite valéryenne*, Bruxelles, Éditions des Artistes, 1959).
   ctave NADAL, « Poèmes en prose », pp. 229—46 in *À mesure haute* (Paris, 'cure de France, 1964).
   LEVAILLANT, *La Jeune Parque et poèmes en prose* (Paris, Gallimard, ' », 1974), pp. 165—71.
   RANKLIN, « The White Night of *Agathe* : a fragment by Paul Valéry », 'rench Literature, no. 12, Nov. 1975 ; —, « Toward the prose fragment and Valéry *Igitur* and *Agathe* », *French Review*, no. 4, 1976.
   TE-PIETRI, « Le Con(mp)te comp(n)te », *Littérature*, nº 28, dé*

éry : directions spatiales et parcours verbal (Paris, Lettres, 126—30.

ujours nommé *Sainte Agathe*. Voir Clément DE RIS, *Les Vve Jules Renouard, 1861), t. II, p. 232. (MUSÉE DE lement à l'authenticité des deux Zurbaran, l'Ange (535). Ils proviennent de la vente Soult (nº 29 et par M. Collot, et font partie de cette suite de un fond noir, d'un profil héroïque et assez tes et d'un goût bizarre et somptueux dont ippe possédait plusieurs spécimens. » Voici Sainte Agathe : « Elle porte sur un plat martyre. Son costume est d'une singu- iolet, les manches jaunes, le corsage icence de ce splendide vêtement. » ément de Ris. Notons qu'en 1939 Sainte Alexandrine (« Le Musée nde, 1948]).

voir par exemple Jacques ...] n'est pas seulement la l'une nourriture estimée.

(I, 119-120)
e à mon sein

» (II, 1416—20).
si seulement sug-
ur paraît » (AG) ;
mmencement de la
Un être intact [...]
ème de la virginité.

d'une
ou la
xprimé

129

Il est lié au corps maternel, nous dit-on, à sa chaleur, voire aux soins de l'amour. Ce n'est pas donner là une raison suffisante de sa valeur érotique, dont un tableau (à Berlin) de Tiepolo dans son horreur exaltée à figurer sainte Agathe après son supplice, est mieux fait pour donner l'idée. [...] Il s'agit du sein spécifié dans la fonction du sevrage qui préfigure la castration. Or le sevrage est trop situé depuis l'investigation kleinienne dans le fantasme de partition du corps de la mère pour que nous ne soupçonnions pas que c'est entre le sein et la mère que passe le plan de séparation qui fait du sein l'objet perdu en cause dans le désir. » L'importance du sein et des images orales chez Valéry est bien connue. Il y a des aspects « sainte Agathe » chez la Jeune Parque.

8.   Sans qu'on en puisse déceler la cause ou l'intention, le titre « Agathe » est parfois écrit dans les *Cahiers* et le dossier en caractères cyrilliques.

9.   « *Et regarde la courbe de ce corps que les robes allongent, des minces cheveux noirs à la pointe du pied* [...]. » *(PA ; II, 1289).*

10.   Voir sur ce point mon livre, *Valéry et le Moi,* des Cahiers à l'*Œuvre* (Paris, Klincksieck, 1979) où sont explicitées des notions utilisées ici.

11.   [...] toi comme une pensée
          À travers un feuillage avec un pied dans l'eau
          Entrevue — hérissée et une main glacée
          L'autre brûle, du sein tenant le doux halo   *(VJ*ms)
Parmi de sévères notes où s'élabore le schéma abstrait d'« Agathe », les *Cahiers* de 1898 jettent au crayon une plus brève ébauche : « *À travers* [...] *L'autre brûle* » (*C, I,* 262). De cette esquisse hérite, on le sait, la Jeune Parque, d'abord secrète sainte du sommeil aussi, proche des « mortes couronnées », enviant la double couronne du martyre et de la virginité.

12.   *L'Apparition,* aquarelle de G. Moreau représentant la tête de Jea Baptiste, est une œuvre bien connue de Valéry, d'abord par *À rebours.*

13.   Cf. « Agathe », « *un système nul ou indifférent à ce qu'il vient prod ou approfondir* ».

14.   Le sein n'apparaît nulle part dans « Agathe », sinon sous la forme oralité, d'un *boire/être bue,* qui inscrit peut-être une hantise de sevrage dénégation d'un rêve de « suavis mamilla » *(MT* ; II, 64), explicitement dans « Poésie » :

          Me berçait l'onde marine
          [...]
          Je sentais, à boire l'ombre,
          M'envahir d'une clarté !
          Dieu perdu dans son essence,
          [...]
          Je touchais à la nuit pure,
Cf. sur le thème du sein *JP*ms, in NADAL, VI, 46 : « *Je scintille l* inconnu » ; VI, 48 : « *Tremblante de te perdre île de mon sein* ».

15.   Titre baudelairien, épigraphe du « Conte vraisemblabl

16.   Le matériel verbal invite aux rapprochements, eux au gérés : « *La première lueur parue sur l'ombre* » (*PA*) ; « *une l* « *Quel sommeil* » (*PA*) ; « *secrets du sommeil* » (*AG*) ; « *ce c* pureté » (*AG*) ; « *SI toujours cette pureté se pouvait* » (*AG*) ; inconnue à toute violence » (*Intact, Athiktè*) paraphrase le t

17. Mt XIII, 45. Le « *trésor caché* » (*ND* ; I, 1228) appartient de même à la parabole évangélique du « *royaume des cieux* ».

18. « *Un roman concentré en quelques phrases qui contiendraient le suc cohobé des centaines de pages* [...]. *Alors les mots choisis seraient tellement impermutables qu'ils suppléeraient à tous les autres.* » (HUYSMANS, *À rebours*, chap. XIV, [Paris, Le Livre de Poche] p. 305). On trouve là aussi le rêve d'un roman qui soit en même temps « poème en prose ».

19. Voir f⁰ˢ 10, 111, 136, 145, 155.

20. PLATON, *Phédon* (Paris, Les Belles Lettres, 1970), trad. Léon ROBIN, 65 *b, c*.

21. « *L'ancienne Agathe* [...] *je suppose un sommeil cataleptique* » (*C*, III, 106).

22. Sous le titre « ΑΓΑΘΗ Η ΕΜΗ », le sous-titre « Περί του υπνου ος Αγαθης » semble jouer comme une référence au traité du *Sommeil et de la veille* d'Aristote.

23. Le dossier précise : « *il faut évidemment opposer le plus de vigilance possible à ce sommeil et arriver par la veille même aiguisée à le pénétrer — Dépouillement de soi — abstraction —* » (f⁰ 170).

24. Sur le « formel » et le « significatif » voir H. LAURENTI, « Les "Trois lois" » (*PV3*).

25. A. KOYRÉ, *Études newtoniennes* (Paris, Gallimard, 1968), p. 42. Koyré impute à Newton la responsabilité d'avoir substitué « *à notre monde de qualités et de perceptions sensibles* [...] *le monde de la quantité* » dans lequel il n'y a pas de place pour l'homme (43). C'est le reproche que Fourment fait, au nom de l'*Arithmetica universalis*, à Valéry et aux « *méthodes intellectualistes en psychologie* » (voir *Corr.VF*, 114). La prise en charge de la psychologie par l'écriture est une tentative pour lever cette objection. Cf. in I, 843-4 l'évocation de l'entreprise cartésienne.

26. O. NADAL, *À mesure haute* (Paris, Mercure de France, 1964), p. 240.

27. U. FRANKLIN, « The White Night of *Agathe* », art. cité. Dans le cours de l'article, « je » devient « Agathe » jouant comme sujet féminin. Jean Levaillant fait, quant à lui, intervenir « le narrateur » puis « le sujet » (*op. cit.*, pp. 169—71).

28. Le « Conte vraisemblable » ainsi revu me paraît être un des plus anciens germes d'« Agathe ». Pour ce sujet devenu tout abstraitement « *être changé, être autre* » (*Corr.VF*, 106), Fourment invite Valéry à chercher le style d'une prose originale : « *elle ne serait pas seulement chair ; elle ne serait pas non plus seulement os. Elle aurait la dureté, la force, l'élasticité, la souplesse, la chaleur de la cuisse d'un dieu...* » (108). C'est le premier rêve d'une phrase « Gladiator ».

29. LOCKE, *Essai philosophique concernant l'entendement humain* (Paris, Vrin, 1972).

30. « *Toujours je pense — à Autre chose* » (*C*, I, 11).

31. *Op. cit.* (Paris, Les Belles Lettres, 1947), p. 91. Ce passage capital marque la conclusion d'une réflexion sur l'écriture, opposant à l'« écrire sur l'eau » les « *discours qui sont en mesure de se donner assistance à eux-mêmes* [...] *et qui* [...] *ont en eux une semence de laquelle, en d'autres naturels, pousseront d'autres discours* » (p. 92). C'est le but que poursuit Valéry.

32. PASCAL, *Pensées*, éd. BRUNSCHVICG (Paris, Hachette), II, 139, p. 390. Valéry utilisait l'édition HAVET, rééd. Delagrave, 1893.

33. « La Langue des calculs », L. 11, chap. I, cité par J. Derrida dans son Introduction, p. 39 in Condillac, *Essai sur les origines des connaissances humaines* (Paris, Galilée, 1973).

34. Voir Annexe « Intertexte philosophique : le débat de l'origine des idées ».

35. La recherche de *l'art de penser* est constamment évoquée dans les *Cahiers*. Ainsi *C*, XVI, 611 : « *Il n'y a qu'une philosophie de concevable, et ce serait un* art de penser. [...] *Et cet art doit être indépendant de ce que l'on pense.* »

36. Condillac, *Essai sur l'origine des connaissances humaines, op. cit.*

37. Leibniz, *Nouveaux essais sur l'entendement humain* (Paris, Garnier-Flammarion, 1966), L. II, chap. I.

38. Titre original de *Essai philosophique concernant l'entendement humain* de John Locke.

39. Cf. « *Le sujet est Nihil est etc.* » (fᵒ 110) ; « *intellectus ipse* » (fᵒ 43).

40. Fᵒ 122, ôté du cahier *Chms* I, et placé dans le dossier *AG*.

41. C'est la meilleure traduction de αγαθη. Cf. *ND* ; I, 1224 : « *cette conscience accomplie* » ; « *(voir l'accompli comme un lieu parmi mille lieux)* » (fᵒ 98).

42. « *Le premier acte, par lequel Adam se rendit maître des animaux, fut de leur imposer un nom, c'est-à-dire qu'il les anéantit dans leur existence (en tant qu'existants).* » (cité in M. Blanchot, *La Part du feu* ; « La Littérature et le droit à la mort » [Paris, Gallimard, 1949], p. 325).

43. Il reste de ce feu effacé le « *feu plein d'idées* » (*C*, I, 354) qui est aussi celui d'« *Un feu distinct...* ». La première ébauche (202) voisine sur la page avec « *TO GO TO THE LAST POINT* » et module le thème d'une descente au sommeil espérant rencontrer un extrême de l'être :
Je [...] descends plus encore
Dans le meilleur du fond de la nuit qui ignore
[...]
Et je |touche| ma fin [...].

44. Le dossier explique et rationalise : « *dans les déplacements réels, chaque ensemble réel de contractions et de détentes se composent avec des forces extérieures. [...] "Je visite chaque tendance jusqu'à son repos"* [AG 3] *parce que je ne fais que la commencer.* »

45. *Acte pur* au sens philosophique du terme, c'est-à-dire chez Aristote l'état du Dieu. La nage et le vol remplacent dans le texte la danse qui ne peut guère être une image onirique.

46. Voir *C*, II, 727 : « *Toujours je me suis essayé à me voir d'un coup d'œil, à deviner d'un coup toutes mes idées.* »

47. E.A. Poe, *Œuvres en prose* (Paris, Gallimard, « Bibl. de la Pléiade », 1965).

48. Descartes, *Œuvres et lettres* (Paris, Gallimard, « Bibl. de la Pléiade », 1953), p. 300.

49. Voir *Corr.GV*, 199. *Cf C*, XIV, 239, cette note siglée *Mnss* qui montre le lien entre « Agathe » et l'expérience enfantine dite de « *la petite maison* » : « *Mnss* [...] *Il y a des jours où je voudrais me mettre au lit et dans l'ombre à n'importe quelle heure me cacher la tête et me tenir entre mes bras — entre le sommeil et la vie, entre mon âme et mon corps — et frémir d'être* Moi. »

50. J. BOUVERESSE, *Le Mythe de l'intériorité* (Paris, Minuit, 1976), p. XII.

51, Kant est souvent cité dans les années 1900—1903 (*C* II). Les rapports de la pensée valéryenne et du kantisme appelleraient une étude délicate.

52. Voir J. ROBINSON, *Rimbaud, Valéry et* « *l'incohérence harmonique* » (Paris, Lettres Modernes, « Archives des lettres modernes », nº 184, 1979).

53. Cf. RIMBAUD : « *La boue est rouge ou noire. Ville monstrueuse, nuit sans fin !* [...] *Aux heures d'amertume je m'imagine des boules de saphir, de métal. Je suis maître du silence.* » (« *Enfance* » V).

54. Définition du BESCHERELLE : « Méthode dont les mathématiciens se servent pour établir l'égalité de deux nombres, en prouvant que la différence qui peut exister entre eux est plus petite que toute autre quantité imaginable, quelque petite que soit cette quantité. »

55. « *Introduire dans le langage des procédés combinatoires* [...] *former des expressions symétriques et des développements formels de façon que toute l'étendue se dévoile, des combinaisons de l'expression et des jugements — de façon aussi à le tenir quelquefois comme un véritable moyen de calcul* [...] » (*C*, II, 871-2)

56. Voir aussi *C*, II, 774 : « *Différence - ressemblance - contraste - distance - situation - intervalle - simultanéité - mélange - succession immédiate - pluralité - degré - durée - forme - rythme - identité - égalité* (φ) *- continuité* φ *- unité - variation* ».

« *question de limite* »
(f⁰ 99)

« *Je suis un peu plus grand que tout* » (f⁰ 96). « Agathe », conte de l'entendement, est l'aventure aussi de la Limite dont l'apparition jalonne le dossier et les *Cahiers* d'une façon qui ne cessera plus. « *Théorie des limites* » (f⁰ 43), « *Théorie des limites RÉELLES* » (f⁰ 149), « *description de la limite réelle* » (f⁰ 150), le mot revient avec trop d'insistance pour ne pas désigner un point focal aussitôt doublé d'un idéal reflet. Il faut ici encore citer les philosophes pour prendre la mesure vraie d'un effort de l'esprit. Ainsi Descartes :

Je connais que je suis une chose imparfaite [...] qui tend et qui aspire sans cesse à quelque chose de meilleur et de plus grand que je ne suis [...] il me semble très à propos de [...] considérer, d'admirer et d'adorer l'incomparable beauté de cette immense lumière, au moins autant que la force de mon esprit, qui en demeure ébloui, me le pourra permettre.[48]

Clarifions. Distinguons, comme les dictionnaires, la *borne* qui marque le terme du possible humain, le mur des pouvoirs réels, et l'espoir d'aller au-delà, l'éternel désir de l'Homo de « *grimper sur ses propres épaules* » (Œ, II, 89), bien plus encore que, comme Newton, sur celle des géants. Les mystiques nommeront *Dieu*, les mathématiciens *limite* ce vers quoi tendent indéfiniment sans l'atteindre là les extases, ici des séries ou fonctions. La pensée laïcisée de Valéry opère explicitement la confusion.

Θ — Le Dieu-Limite.
Si à l'égard du Tout (qui est lui-même *limite* du *tout* local généralisé) on *écrit* qu'il existe un regard et un état de compréhension aussi net que le plus net qui soit dans un cas particulier [...]   (*C*, XV, 422)

89

Il installe « Agathe » dans le porte-à-faux délibéré de celui qui imagine parfois de mettre « *un pied hors de tout* » (*Œ*, II, 594), dans cette tension qui voudrait pousser jusqu'à la limite atteinte l'effort entrepris pour rejoindre la borne : autrement dit, faire de celle-ci l'image de celle-là, et imaginer jusqu'à donner réalité comme on donne vie. On ne perdra jamais de vue cette ambiguïté fondamentale en définissant le « Manuscrit », synecdoque de l'œuvre entière, comme une tentative reposant sur le double désir indiqué en 1899 : « *la construction* [...] *Et la limite.* » (*C*, I, 766).

Qu'on cherche donc d'abord la borne car elle ne s'atteint pas d'emblée. Si l'homme ne peut regarder le soleil, qu'il apprenne du moins à utiliser au mieux la lueur de sa bougie, disait Locke citant les Proverbes (XX, 17) : « *Notre esprit est comme une chandelle que nous avons devant les yeux qui répand assez de lumière pour nous éclairer dans nos affaires.* » (p. 4 [29]). La leçon valéryenne est semblable. Pour faire taire les vaines questions, que les hommes examinent leurs forces, afin de « *trouver les bornes qui séparent* [...] *ce qu'ils peuvent concevoir d'avec ce qui passe leur intelligence* » : « *je m'avance* [...] *jusqu'à une borne déjà connue* » (*AG* 8) définit une approche guidée par la rigueur. « *J'ai touché mon empire.* [...] *Sa limite sera bonne si elle est claire.* » (f° 43). Dans l'ordre du travail ordinaire de l'esprit, l'instant de la borne atteinte est celui dit de « *Saltus. Hiatus* » (f° 125), qui est celui du « *passage du particulier au général* » (f° 91), avènement de l'abstraction. C'est le moment où cesse le changement continuel de la pensée, où la discontinuité s'introduit. *Natura non facit saltus*, dit Leibniz, et Valéry ajoute : « [...] *une abstraction seule* potest facere saltus. » (I, 1194). La transformation perpétuelle des images s'arrête avec la rencontre du concept. Comme il cherche aussi dans le rêve la « *rupture des relations jusqu'aux limites* » (f° 129), Valéry

L'ÉCRITURE ABSOLUE
ET LA MYSTIQUE SANS DIEU

Réduit à son incipit, le thème fondamental d'« Agathe »,
Nihil est..., rejoint le cri du Solitaire : *« Rien, rien, rien,
rien ! »* (*MF*; II, 383). À côté de l'antique débat des origines
de la connaissance, il faut poser celui, plus moderne, d'une
pensée qui n'a plus, comme celle des anciens ou de Descartes
et de Leibniz, un Dieu pour fonder son être, ses démarches
et ses certitudes. Le problème des idées innées, de l'harmonie préétablie ou du modèle à demander à la nature (chez
Locke par exemple ou dans la *Logique* de Condillac) était
indissociablement lié à l'affirmation de l'existence divine et
même de la bonté. Au temps de la mort de Dieu, que reste-
t-il à l'homme sinon le recours à ses propres créations, avec
pour garant un soi-même dont l'ambition ou le mot d'ordre
est « farsi universale ! [...] *se rendre universel !* » (*LV*; I, 1160).
Chercher la Représentation au miroir abstrait de la logique
ou de la mathématique, ou encore à celui, plus subtil, de
la prose, est l'avatar actuel des tentatives métaphysiques.
Valéry dit assez clairement que son « *analyse* absolue » propose « *un nouveau sens pour les* Idées *de Platon et Cie* »
(*C*, VII, 280). C'est un espoir/désespoir qui se cache dans le
« Manuscrit », qui crut pouvoir poser un « *Je pense — tout* »
(I, 696) face à « *dieu — celui qui sait tout* » (710) et rêva de

faire de l'écriture l'Écriture, suprême philosophie, table de la loi de l'esprit.

Dans sa recherche, la nostalgie valéryenne s'est tournée vers les tentatives universelles des essentialismes. Un modèle secrètement choyé fut la scolastique. « Agathe » montre à chaque instant le désir de retrouver la position ancienne, de s'opposer à une modernité qui joue « *la moyenne contre l'Essence. Et les probabilités contre les lois* » (*C*, VI, 130). Cette essence ou cette Loi des lois cherchée, Valéry espéra la trouver dans une forme qu'un art pourrait prendre en charge. Art des idées, dont le grand texte « Léonard et les philosophes » donne la formule, sous l'alibi de la peinture et du Vinci : « *Il se fait de cet art* [...] *une idée excessive : il le regarde comme une fin dernière de l'effort d'un esprit universel.* » (*Œ*, I, 1259). C'est le sens d'une singulière mystique dont « Le Manuscrit trouvé dans une cervelle » fut à la fois la trace et l'enjeu. *« [...] il n'est point de mouvement concevable [*dit l'abbé à Émilie Teste*] qui n'ait sa direction et son sens, et qui n'aille enfin quelque part !... » (II, 34). L'aventure abstraite va vers l'autosuffisance quasi divine qui conduit de la sensation effacée au Moi invariant, Limite, « *formule du Dieu* » (*C*, VI, 45) : « *Je ME pense : donc, je suis.* » (II, 184). L'ambition est celle plus tard prêtée à Descartes : « [...] *ce Moi se trouvera bien tout seul son Dieu, s'il le faut ; il se le donnera, et ce sera un Dieu* [...] *"nécessaire et suffisant"* » (*Œ*, I, 809). Il faudra étudier la philosophie valéryenne et situer dans l'histoire la réponse apportée au problème du fondement de la connaissance quand elle n'a pas un au dehors. « *C'est une ʳorte de tatouage* » (*C*, II, 194), et sur ce tatouage supplémentaire qu'est l'écriture on peut encore beaucoup gloser. Évoquons seulement l'ambition méphistophélique — le « *Que serais-tu sans l'orgueil ?* » (79) — présidant à l'entreprise du « Manuscrit » rêvant d'être le

|*Sur le velours du minuit, elle, ou sur le nu de l'esprit*| (f° 22 v°)

— en affirmation unitaire posant les conditions *a priori* d'une apparition ou d'une pensée : « *Sur le nu ou le velours de l'esprit ou du minuit* » (*AG* 1). Il faudrait examiner où mène la « *table de métaphores employées pour l'expression de la connaissance* » (*C*, II, 725) dont les *Cahiers* cherchent le détail, en se souvenant aussi que les plus belles figures sont « *un chapitre de la logique des relations* » (VII, 33). Ce serait un autre livre. Disons seulement que si Valéry affirme l'« *impossibilité de noter [les] abstractions sans métaphores* » (II, 153), il pose clairement la question : « *Mais ces abstractions en quoi consistent-elles hors le langage ? Ecce punctum.* » Et il réduit en définitive le problème de la pensée, et de la connaissance de la connaissance, à celui de la métaphore, c'est-à-dire à une pratique du langage devenue désormais l'essentiel. « *On trouve en dernière analyse que nous ne distinguons de la pensée que les parties qui sont exprimables par métaphores et que nous attribuons souvent à la pensée des nécessités qui proviennent peut-être de la métaphore —* » (725). Sur cette infime ou immense découverte pourrait s'achever le rêve rayonnant d'un livre où tout serait dit.

« *pouvoir* » se détaille : « *avoir de quoi* *[*faire ou subir*], *être dans les conditions pour, rien ne m'empêche de, rien ne me manque pour.* » (202). Citons seulement cette déclinaison sémantique :

Sommeil — être en sommeil, faire le sommeil, défaire — —, vouloir le sommeil, pouvoir le sommeil, commencer le sommeil etc. → |dormir, endormir éveiller x.| (*C*, III, 204)

Le vrai lecteur du « Manuscrit », ce devrait être celui qui saisit à travers les mots enchaînés « *Le Colloque des Images avec les Signes* » (*C*, II, 521) ; celui qui, vivant de tous ses muscles et ses sens la métaphore, y associe par un instinct savamment fabriqué le jeu de l'intellect. Lieu traditionnel de la réflexion rhétorique, la métaphore est chez Valéry le plus vaste champ de la réflexion littéraire et métaphysique. À travers elle, il touche au triple registre de l'abstraction, de l'image et de l'exploration méthodique des opérations, à la notion aussi de *symétrie* qui rejoint celle de *consistance.* Il admire Mallarmé d'avoir su donner à cette figure « *la valeur d'une relation symétrique fondamentale* » (*Œ*, I, 658). Pour unir plus étroitement s'il se peut la forme et le fond, il utilise l'argument d'« Agathe » comme principe d'une écriture. Car le rêve est le métaphorisme absolu, où tout est aussitôt pris au pied de la lettre, où l'idée presque claire *est* flamme de bougie. « *C'est un monde* [...] *où tout est égal — où il n'y a pas de métaphores* » (f°s 10, 111).

Les métaphores sont réalisées et parfaitement symétriques dans le rêve, c'est-à-dire qu'un terme n'est pas considéré comme principal et présent, aux dépens de l'autre, mais tous deux se montrent et sur le même plan (successivement) (f° 131)

Les brouillons montrent constamment le gommage de l'équivalence, bientôt devenue une égalité. C'est l'acte d'un grand art philosophique qui transforme l'écriture laborieuse —

le mouvement de mes yeux » (*AG* 1), on écrit « *je suis mû* » (8) ; après « *bue* », « *reviendra me boire* » (3), et encore « *se penche sur le vide pour boire le moindre son* » (5). On met en paradigme « *je pense - pensé - pensant - ce qui pense - pensera* ». On explore aussi les déterminations concevables :

Une « idée » peut sembler

grande,	obscure	vague		neuf
petite,	claire,	précise	etc.	connu

[...] chercher le rapport entre le *fond* de l'idée et ces caractéristiques ? (*C*, I, 607)

Dans le texte, l'idée « *se fait claire, mais fausse, mais pure, puis vide ou immense ou vieille : elle devient même nulle* » (*AG* 1). Une loi pourrait être « *simple, puissante, féconde, générale, neuve, claire, solide, brève* » (f° 93). Le manuscrit qui note en marge, comme un rythme, « *- m - p - o - o - o* », « *ou mais puis* » (f° 16), révèle un des secrets de la mise en phrase et en ordre : « *Le plus important du discours c'est le* si, *le* ni, *et le* car — *le* mais — *etc. car enfin ce sont eux les articulations de l'individu* — » (*C*, III, 31). Des palettes métaphoriques viennent préciser les notions : « *Maison, grande comme éléphant* — — — — *blanche comme la lune* — — — — *belle comme femme etc.* — — — — *clivée comme un diamant* — — *lune blanche comme maison etc. réversibilité.* » (I, 908). On pourrait projeter sur « Agathe » une grille que les *Cahiers* s'efforcent d'affiner (III, 198—204), explorant *agir* et *subir* : « *agir en général* [...] *agir particulièrement* [...] *subir en général* [...] *subir particulier* [...] *agir et ressentir* [...] *subir et réagir* [...] » (198), en classant les mots selon qu'il y a ou non conscience ou encore but impliqué. *Se mouvoir, écrire, regarder, dormir, désirer, voir, ouïr* trouvent leur place dans ces schémas où interviennent aussi intention, moyen, résultat. Un texte inconnu se découvre quand on lit ainsi selon cet axe « *i.m.r.* » (200), ou quand fragment et la trace d'un Tout. Faust encore, prêt à revendre pour un livre son âme, dira le désir de rivaliser avec « *un petit poème, très vieux, très sec, gravé, il y a très, très longtemps sur pierre polie* » (*Œ*, II, 316) : « *Cela s'appelle le Décalogue, autographe unique de l'Auteur.* » Tout se joue alors dans le jeu de l'homme et des signes, de l'« *homo nudus* [...] *prêt à tout* » (*C*, I, 808) et affirmant : « *Je ne suis rien. Mes idées* [...] *me laissent le possible.* » (806). L'écriture explore le champ du possible. Elle est la figure de la tension vers l'inaccessible, du désir demeuré désir qui définit l'homme si « *l'essence de l'esprit est un désir de coïncider avec son tout* » (X, 608). Tenant lieu ici d'une connaissance achevée, elle est l'empreinte d'une « *intelligence en acte* » (VI, 816), et l'« *intelligence est en quelque sorte l'habitude la plus parfaite de l'âme.* » Ainsi nommera-t-on l'Auteur des onze strophes dites « Agathe », emblème féminin mis sur un manuscrit :

... Et me dit d'une voix si basse — qu'elle semblait ma pensée : — (Ici, *imitation* de la pensée.)
...... Image ...... (*C*, I, 839)

NOTES

1. « An Abstract Tale » porte comme sous-titre « La Révélation anagogique ». Cf. *HB* ; II, 466-7.

2. On inscrira cette œuvre d'Aristote (Περι της ψυχης) dans l'intertexte de notre recherche.

3. Publié par Agathe Rouart-Valéry sous le titre *Agathe* que Valéry avait écarté en 1906 pour donner ce prénom à sa fille (Paris, 1956, un état du texte et fac-similé d'un manuscrit), le texte est repris in *Œuvres*, II, 1388—92 (1960) et in *La Jeune Parque et poèmes en prose*, édition présentée par Jean Levaillant (Paris, Gallimard, « Poésie », 1974). Édition en plaquette sous le titre *Agathe, conte singulier* (Nantes, Le Temps singulier, 1980).

4. « *Et maintenant, quand je pense ce nom, je ne pense plus à l'autre, — à celle psychologique et si brune et obscure de naguère...* » (*Œ*, I, 31) [lettre à Jeannie Valéry].

5. *Agathe* et ses critiques :
— André Rousseaux, « Feuilleton » du *Figaro littéraire*, 16 févr. 1957.
— Émilie Noulet, « Agathe », *Les Lettres nouvelles*, n° 48, avril 1957 ; —, « Un Texte inédit de Paul Valéry : Agathe », *Bulletin de l'Académie royale de langue et littérature française* (Bruxelles), vol. 35, 1957 (repris dans *Suite valéryenne*, Bruxelles, Éditions des Artistes, 1959).
— Octave Nadal, « Poèmes en prose », pp. 229—46 in *À mesure haute* (Paris, Mercure de France, 1964).
— Jean Levaillant, *La Jeune Parque et poèmes en prose* (Paris, Gallimard, « Poésie », 1974), pp. 165—71.
— Ursula Franklin, « The White Night of Agathe : a fragment by Paul Valéry », *Essays in French Literature*, no. 12, Nov. 1975 ; —, « Toward the prose fragment in Mallarmé and Valéry *Igitur* and *Agathe* », *French Review*, no. 4, 1976.
— Nicole Celeyrette-Pietri, « Le Con(mp)te comp(n)te », *Littérature*, n° 28, déc. 1977.
— Régine Pietra, *Valéry : directions spatiales et parcours verbal* (Paris, Lettres, Modernes, 1981), pp. 126—30.

6. Le tableau fut toujours nommé *Sainte Agathe*. Voir Clément de Ris, *Les Musées de province* (Paris, Vve Jules Renouard, 1861), t. II, p. 232. (Musée de Montpellier :) « *Je crois également à l'authenticité des deux Zurbaran, l'Ange Gabriel (534) et Sainte Agathe (535). Ils proviennent de la vente Soult (n° 29 et 34), à laquelle ils furent acquis par M. Collot, et font partie de cette suite de figures isolées se détachant sur un fond noir, d'un profil héroïque et assez austère, revêtues de couleurs éclatantes et d'un goût bizarre et somptueux dont l'ancienne collection du roi Louis-Philippe possédait plusieurs spécimens.* » Voici comment le catalogue Soult décrit la *Sainte Agathe* : « *Elle porte sur un plat ses deux mamelles coupées, indice de son martyre. Son costume est d'une singulière richesse de couleurs. Le jupon est violet, les manches jaunes, le corsage bleu. Un manteau rouge complète la magnificence de ce splendide vêtement.* » On sait que Valéry connaissait le livre de Clément de Ris. Notons qu'en 1939 Valéry désigne toujours le tableau comme une *Sainte Alexandrine* (« Le Musée de Montpellier », p. 269 in *Vues* [Paris, La Table Ronde, 1948]).

7. Sur la valeur fantasmatique de la scène, voir par exemple Jacques Lacan (*Écrits* [Paris, Seuil, 1966], p. 848) : « *Le sein [...] n'est pas seulement la source d'une nostalgie "régressive" pour avoir été celle d'une nourriture estimée.*

*Il est lié au corps maternel, nous dit-on, à sa chaleur, voire aux soins de l'amour.
Ce n'est pas donner là une raison suffisante de sa valeur érotique, dont un
tableau (à Berlin) de Tiepolo dans son horreur exaltée à figurer sainte Agathe
après son supplice, est mieux fait pour donner l'idée. [...] Il s'agit du sein spécifié dans la fonction du sevrage qui préfigure la castration. Or le sevrage est
trop situé depuis l'investigation kleinienne dans le fantasme de partition du corps
de la mère pour que nous ne soupçonnions pas que c'est entre le sein et la
mère que passe le plan de séparation qui fait du sein l'objet perdu en cause dans
le désir.* » L'importance du sein et des images orales chez Valéry est bien connue.
Il y a des aspects « sainte Agathe » chez la Jeune Parque.

8. Sans qu'on en puisse déceler la cause ou l'intention, le titre « Agathe »
est parfois écrit dans les *Cahiers* et le dossier en caractères cyrilliques.

9. « *Et regarde la courbe de ce corps que les robes allongent, des minces
cheveux noirs à la pointe du pied* [...]. » *(PA ; II, 1289).*

10. Voir sur ce point mon livre, *Valéry et le Moi*, des Cahiers à l'Œuvre
(Paris, Klincksieck, 1979) où sont explicitées des notions utilisées ici.

11.   [...] toi comme une pensée
      À travers un feuillage avec un pied dans l'eau
      Entrevue — hérissée et une main glacée
      L'autre brûle, du sein tenant le doux halo   *(VJ*ms)
Parmi de sévères notes où s'élabore le schéma abstrait d'« Agathe », les
Cahiers de 1898 jettent au crayon une plus brève ébauche : « *À travers* [...]
L'autre brûle » (*C*, I, 262). De cette esquisse hérite, on le sait, la Jeune Parque,
d'abord secrète sainte du sommeil aussi, proche des « mortes couronnées », enviant
la double couronne du martyre et de la virginité.

12. *L'Apparition*, aquarelle de G. Moreau représentant la tête de Jean-
Baptiste, est une œuvre bien connue de Valéry, d'abord par *À rebours*.

13. Cf. « Agathe », « *un système nul ou indifférent à ce qu'il vient produire
ou approfondir* ».

14. Le sein n'apparaît nulle part dans « Agathe », sinon sous la forme d'une
oralité, d'un *boire/être bue*, qui inscrit peut-être une hantise de sevrage, ou la
dénégation d'un rêve de « suavis mamilla » *(MT* ; II, 64), explicitement exprimé
dans « Poésie » :

      Me berçait l'onde marine
      [...]
      Je sentais, à boire l'ombre,
      M'envahir d'une clarté !
      Dieu perdu dans son essence,
      [...]
      Je touchais à la nuit pure,   (I, 119-120)
Cf. sur le thème du sein *JP*ms, in Nadal, VI, 46 : « *Je scintille liée à mon sein
inconnu* » ; VI, 48 : « *Tremblante de te perdre île de mon sein* ».

15. Titre baudelairien, épigraphe du « Conte vraisemblable » (II, 1416—20).

16. Le matériel verbal invite aux rapprochements, eux aussi seulement sug-
gérés : « *La première lueur parue sur l'ombre* » *(PA)* ; « *une lueur paraît* » *(AG)* ;
« *Quel sommeil* » *(PA)* ; « *secrets du sommeil* » *(AG)* ; « *ce commencement de la
pureté* » *(AG)* ; « *SI toujours cette pureté se pouvait* » *(AG)* ; « *Un être intact* [...]
inconnue à toute violence » *(Intact, Athikté)* paraphrase le thème de la virginité.

17. Mt XIII, 45. Le « *trésor caché* » (*ND* ; I, 1228) appartient de même à la parabole évangélique du « *royaume des cieux* ».

18. « *Un roman concentré en quelques phrases qui contiendraient le suc cohobé des centaines de pages* [...]. *Alors les mots choisis seraient tellement impermutables qu'ils suppléeraient à tous les autres.* » (HUYSMANS, *À rebours*, chap. XIV, [Paris, Le Livre de Poche] p. 305). On trouve là aussi le rêve d'un roman qui soit en même temps « poème en prose ».

19. Voir f°s 10, 111, 136, 145, 155.

20. PLATON, *Phédon* (Paris, Les Belles Lettres, 1970), trad. Léon ROBIN, 65 *b*, *c*.

21. « *L'ancienne Agathe* [...,] *je suppose un sommeil cataleptique* » (*C*, III, 106).

22. Sous le titre « ΑΓΑΘΗ Η ΕΜΗ », le sous titre « Περι του θιτνου θς Αγαθης » semble jouer comme une référence au traité du *Sommeil et de la veille* d'Aristote.

23. Le dossier précise : « *il faut évidemment opposer le plus de vigilance possible à ce sommeil et arriver par la veille même aiguisée à le pénétrer — Dépouillement de soi — abstraction — »* (f° 170).

24. Sur le « formel » et le « significatif » voir H. LAURENTI, « Les "Trois lois" » (*PV3*).

25. A. KOYRÉ, *Études newtoniennes* (Paris, Gallimard, 1968), p. 42. Koyré impute à Newton la responsabilité d'avoir substitué « à notre monde de qualités et de perceptions sensibles [...] *le monde de la quantité* » dans lequel il n'y a pas de place pour l'homme (43). C'est le reproche que Fourment fait, au temps de l'*Arithmetica universalis*, à Valéry et aux « *méthodes intellectualistes en psychologie* » (voir *Corr.VF*, 114). La prise en charge de la psychologie par l'écriture est une tentative pour lever cette objection. Cf. in I, 843-4 l'évocation de l'entreprise cartésienne.

26. O. NADAL, *À mesure haute* (Paris, Mercure de France, 1964), p. 240.

27. U. FRANKLIN, « The White Night of *Agathe* », art. cité. Dans le cours de l'article, « je » devient « Agathe » jouant comme sujet féminin. Jean Levaillant fait, quant à lui, intervenir « le narrateur » puis « le sujet » (*op. cit.*, pp. 169—71).

28. Le « Conte vraisemblable » ainsi revu me paraît être un des plus anciens germes d'« Agathe ». Pour ce sujet devenu tout abstraitement « *être* changé, *être* autre » (*Corr.VF*, 106), Fourment invite Valéry à chercher le style d'une prose originale : « *elle ne serait pas seulement* chair ; *elle ne serait pas non plus seulement* os. *Elle aurait la dureté, la force, l'élasticité, la souplesse, la chaleur de la cuisse d'un dieu...* » (108). C'est le premier rêve d'une phrase « Gladiator ».

29. LOCKE, *Essai philosophique concernant l'entendement humain* (Paris, Vrin, 1972).

30. « *Toujours je pense — à Autre chose* » (*C*, I, 11).

31. *Op. cit.* (Paris, Les Belles Lettres, 1947), p. 91. Ce passage capital marque la conclusion d'une réflexion sur l'écriture, opposant à l'« écrire sur l'eau » les « *discours qui sont en mesure de se donner assistance à eux-mêmes* [...] *et qui* [...] *ont en eux une semence de laquelle, en d'autres naturels, pousseront d'autres discours* » (p. 92). C'est le but que poursuit Valéry.

32. PASCAL, *Pensées*, éd. BRUNSCHVICG (Paris, Hachette), II, 139, p. 390. Valéry utilisait l'édition HAVET, rééd. Delagrave, 1893.

33. « La Langue des calculs », L. 11, chap. I, cité par J. Derrida dans son Introduction, p. 39 in CONDILLAC, *Essai sur les origines des connaissances humaines* (Paris, Galilée, 1973).

34. Voir Annexe « Intertexte philosophique : le débat de l'origine des idées ».

35. La recherche de l'*art de penser* est constamment évoquée dans les *Cahiers*. Ainsi *C*, XVI, 611 : « *Il n'y a qu'une philosophie de concevable, et ce serait un* art de penser. [...] *Et cet art doit être indépendant de ce que l'on pense.* »

36. CONDILLAC, *Essai sur l'origine des connaissances humaines*, op. cit.

37. LEIBNIZ, *Nouveaux essais sur l'entendement humain* (Paris, Garnier-Flammarion, 1966), L. II, chap. I.

38. Titre original de *Essai philosophique concernant l'entendement humain* de John LOCKE.

39. Cf. « *Le sujet est Nihil est etc.* » (f° 110) ; « *intellectus ipse* » (f° 43).

40. F° 122, ôté du cahier *Ch*ms I, et placé dans le dossier *AG*.

41. C'est la meilleure traduction de αγαθη. Cf. *ND* ; I, 1224 : « *cette conscience accomplie* » ; « *(voir l'accompli comme un lieu parmi mille lieux)* » (f° 98).

42. « *Le premier acte, par lequel Adam se rendit maître des animaux, fut de leur imposer un nom, c'est-à-dire qu'il les anéantit dans leur existence (en tant qu'existants).* » (cité in M. BLANCHOT, *La Part du feu* ; « La Littérature et le droit à la mort » [Paris, Gallimard, 1949], p. 325).

43. Il reste ce feu effacé le « *feu plein d'idées* » (*C*, I, 354) qui est aussi celui d'« *Un feu distinct...* ». La première ébauche (202) voisine sur la page avec « *TO GO TO THE LAST POINT* » et module le thème d'une descente au sommeil espérant rencontrer un extrême de l'être :
Je [...] descends plus encore
Dans le meilleur du fond de la nuit qui ignore
[...]
Et je |*touche*| ma fin [...].

44. Le dossier explique et rationalise : « *dans les déplacements réels, chaque ensemble réel de contractions et de détentes se composent avec des forces extérieures.* [...] *"Je visite chaque tendance jusqu'à son repos"* [*AG* 3] *parce que je ne fais que la commencer.* »

45. *Acte pur* au sens philosophique du terme, c'est-à-dire chez Aristote l'état du Dieu. La nage et le vol remplacent dans le texte la danse qui ne peut guère être une image onirique.

46. Voir *C*, II, 727 : « *Toujours je me suis essayé à me voir d'un coup d'œil, à deviner d'un coup toutes mes idées.* »

47. E.A. POE, *Œuvres en prose* (Paris, Gallimard, « Bibl. de la Pléiade », 1965).

48. DESCARTES, *Œuvres et lettres* (Paris, Gallimard, « Bibl. de la Pléiade », 1953), p. 300.

49. Voir *Corr.GV*, 199. Cf. *C*, XIV, 239, cette note siglée *Mnss* qui montre le lien entre « Agathe » et l'expérience enfantine dite de « *la petite maison* » : « *Mnss* [...] *Il y a des jours où je voudrais me mettre au lit et dans l'ombre à n'importe quelle heure rie cacher la tête et me tenir entre mes bras — entre le sommeil et la vie, entre mon âme et mon corps — et frémir d'être Moi.* »

50. J. BOUVERESSE, *Le Mythe de l'intériorité* (Paris, Minuit, 1976), p. XII

51. Kant est souvent cité dans les années 1900—1903 (*C*, II). Les rapports de la pensée valéryenne et du kantisme appelleraient une étude délicate

52. Voir J. ROBINSON, *Rimbaud, Valéry et « l'incohérence harmonique »* (Paris, Lettres Modernes, « Archives des lettres modernes », n° 184, 1979).

53. Cf. RIMBAUD : « *La boue est rouge ou noire. Ville monstrueuse, nuit sans fin !* [...] *Aux heures d'amertume je m'imagine des boules de saphir, de métal. Je suis maître du silence.* » (« *Enfance* » v).

54. Définition du BESCHERELLE : « Méthode dont les mathématiciens se servent pour établir l'égalité de deux nombres, en prouvant que la différence qui peut exister entre eux est plus petite que toute autre quantité imaginable, quelque petite que soit cette quantité. »

55. « *Introduire dans le langage des procédés combinatoires* [...] *former des expressions symétriques et des développements formels de façon que toute l'étendue se dévoile, des combinaisons de l'expression et des jugements — de façon aussi à le tenir quelquefois comme un véritable moyen de calcul* [...] » (*C*, II, 871-2).

56. Voir aussi *C*, II, 774 ; « *Différence - ressemblance - contraste - distance - situation - intervalle - simultanéité - mélange - succession immédiate - pluralité - degré - durée - forme - rythme - identité - égalité (φ) - continuité φ - unité - variation* ».

ANNEXE

Rappelons brièvement les textes classiques qui opposent les tenants de l'innéité et ceux de la sensation.

PLATON : « *une intelligence d'homme doit s'exercer selon ce qu'on appelle* Idée, *en allant d'une multiplicité de sensations vers une unité, dont l'assemblage est acte de réflexion. Or cet acte consiste en un ressouvenir /anamnêsis/ des objets que jadis notre âme a vus, lorsqu'elle s'associait à la promenade d'un dieu* [...] *Aussi est-il juste assurément que, seule, la pensée* [dianoia] *du philosophe soit ailée : c'est que les grands objets, auxquels constamment par le souvenir elle s'applique dans la mesure de ses forces, sont justement ceux auxquels, parce qu'il s'y applique, un dieu doit sa divinité* » (*Phèdre*, 249c, trad. ROBIN)

ARISTOTE : « *c'est dans les formes sensibles que les intelligibles existent, tant les abstractions ainsi appelées que toutes les qualités et affections des sensibles. Et c'est pourquoi, d'une part, en l'absence de toute sensation, on ne pourrait apprendre ou comprendre quoi que ce fût, et, d'autre part, l'exercice même de l'intellect doit être accompagné d'une image,*

135

car les images sont semblables à des sensations sauf qu'elles sont immatérielles. » (*De l'âme*, III, 8, 432a, trad. J. TRICOT). Cf. *Anal. post.*, I, 18, où Aristote affirme que l'induction et la déduction reposent sur la sensation.

THOMAS D'AQUIN : « *en nous l'intellect juge parfaitement en se tournant vers les choses sensibles qui sont les premiers principes de notre connaissance* » (*Somme théologique* II, q. CLXXIII, II)

DESCARTES : « *puisque c'est une chose qui m'est à présent connue, qu'à proprement parler nous ne concevons les corps que par la faculté d'entendre qui est en nous, et non point par l'imagination ni par les sens, et que nous ne les connaissons pas de ce que nous les voyons, ou que nous les touchons, mais seulement de ce que nous les concevons par la pensée, je connais évidemment qu'il n'y a rien qui me soit plus facile à connaître que mon esprit.* » (*Méditations*, « Méditation seconde »)

LOCKE : « *puisqu'il ne paraît aucune idée dans l'Âme avant que les Sens y en aient introduit, je conçois que l'Entendement commence à recevoir des idées, justement dans le temps qu'il vient à recevoir des sensations* » (*Essai philosophique concernant l'entendement humain*, Livre II, chap. I)

LEIBNIZ : « *On m'opposera cet axiome reçu parmi les philosophes*, que rien n'est dans l'âme qui ne vienne des sens. *Mais il faut excepter l'Âme même et ses affections.* » (*Nouveaux essais sur l'entendement humain*, Livre III, chap. I)

CONDILLAC : « *Quand je dirai que nous n'avons point d'idées qui ne nous viennent des sens, il faut bien se souvenir que je ne parle que de l'état où nous sommes depuis le péché. Cette proposition appliquée à l'âme dans l'état d'innocence ou après sa séparation du corps serait tout à fait fausse. »* (*Essai sur l'origine des connaissances humaines*, Iʳᵉ partie, I, chap. I).

Dans ce dialogue entre les œuvres et les siècles, on inscrira enfin KANT, éveillé par Hume de son « sommeil dogmatique » : « *Toute notre connaissance débute par les sens, passe de là à l'entendement, et finit par la raison.* » (*Critique de la raison pure*, Dialect. Transc., Introduction ; II, A).

DESCARTES : « *Je fermerai maintenant les yeux, je boucherai mes oreilles, je détournerai tous mes sens, j'effacerai même de ma pensée toutes les images des choses corporelles, ou du moins, parce qu'à peine cela se peut-il faire, je les réputerai comme vaines et fausses ; et ainsi m'entretenant seulement moi-même, et considérant mon intérieur, je tâcherai de me rendre peu à peu plus connu et plus familier à moi-même.* » (« Méditation troisième »)

On peut suivre dans les *Cahiers* le thème d'*intellectus* qui semble avoir durablement préoccupé.
Voir *C*, III, 12 : « *Confrontation.*
I. Nihil est in intellectu etc.
II. Les images doivent être regardées comme des réponses à des excitations inconnues.
III. Décidément les images des songes ne sont pas comparables à celles de la veille sans des transformations —
Tout serait simple si les images étaient des unités discrètes — Mais ce sont en réalité des modifications d'une certaine fonction — [...] De plus on ne les connaît guère qu'interprétées. »

127 : « *L'intellect analogue à l'espace — Ensemble de certaines manières de faire, — de connaître.* » (note barrée)

147 : « *Comment appliquer ce principe des transformations ?* [...] *Dans l'intellect tout se passe comme si, à l'égard des éléments de la connaissance on agissait* physiquement, — *par des mouvements, des arrêts, des résistances — L'intellect est la possibilité éphémère d'agir de la sorte — d'être comparable à soi agissant physiquement, regardant, essayant de voir — »*

DESCRIPTION DU DOCUMENT

Le dossier relié se compose de 199 ff. dont 110 environ écrits au verso ; 80 à 90 pages portent en partie ou en totalité des textes mathématiques ne débordant pas l'unité feuillet. Il est formé par la réunion reclassée de dossiers distincts dans l'inventaire de Denise Rousseau, dont nous donnerons une description sommaire. Il faut y ajouter la copie d'« Agathe » figurant dans le dossier *Charmes*.

— Dossier R 111/15 (15 ff. sous le n° 111), comportant plusieurs copies répétitives d'une page (ff. 20, 24, 25 : « *de mes yeux* [...] » ; ff. 33, 34 : « *chemin de moi-même* [...] ») dont 3 feuillets arrachés au cahier *Charmes* 117 (111/13, 14, 15) — où le classement actuel les a replacés.

— Dossier R 112/94 (94 ff. sous le n° 112) est la part la plus importante du document et le vrai chantier du texte. Il comporte les notes et les études les plus anciennes, souvent sur papier du Ministère de la guerre, actuellement classées en début et en fin de volume.

— Dossier R 116/6 (6 ff. sous le n° 116) est entièrement consacré à une « version » ou mise au net du texte, c'est-à-dire une copie calligraphique partielle peu raturée, de 6 ff. (ff. 19, 28, 29, 31, 32, 35) numérotés de 2 à 6 (p. 1 sans n°), formant une suite cohérente depuis l'incipit jusqu'à « *je puis trouver obscur ce que je veux et non trouver clair ce que je veux* » ; écrite à l'encre noire puis violette sur papier du Ministère de la guerre découpé en petits feuillets, elle formait une liasse agrafée réunie sous le n° R 116 1/6. Les autres ff. du dossier 116 (3/6, 5/6, 4/6 ; 2/6, 6/6, soit ff. 21, 22, 23, 26, 27) sont des copies répétitives préparant f° 28, sauf f° 27 qui prolonge 26. La mise au net a manifestement rencontré un obstacle p. 2 (« *de mes yeux, quelque centre* [...] ») (Thème *C'est mon fond que je touche*), répétée sur papier M.G. également in ff. 24-25 (R 111 10/15, 9/15).

— Dossier R 113/29 (29 ff. sous le n° 113). Il donne une seconde copie à l'encre violette sur papier rayé grand format (ff. 36, 37, 39, 40, 44, soit 113 10/29, 11/29, 12/29, 13/29, 8/29), peu raturée et numérotée de 1 à 4 (v° blanc). La page 3 (f° 39) est une mise au net de f° 38 (113 9/29) portant au verso du calcul différentiel. La copie répétitive signalant l'obstacle se situe ici p. 5 (« *L'événement venir* [...] ») (ff. 41 r°/v°, 43, 44).

— Dossier R 117. Il comportait sous la cote 117 1/3 une copie complète sur papier quadrillé 13 × 17 de 14 ff. numérotés de 1 à 14 (ff. 60, 61, 62, 63, 64, 65, 66, 68, 69, 71, 72, 74, 75, 76) constituant l'état du manuscrit reproduit en fac-similé dans l'édition d'*Agathe* par les soins d'Agathe Rouart-Valéry (1956). Il se prolongeait au-delà de la fin actuelle à laquelle le hasard seul a donné le statut de finale par une phrase qui a cherché ailleurs une place :

Des désirs, des êtres |*passent*| brusquement du rien à l'éclat |*suprême*| d'être connus ; et de cet infini redeviennent |*doucement*| rien comme le fil dans la toile.   (f° 76, 117 1/3)

Cet état porte, sauf la p. 1, des ratures et corrections et des indications de régie : « *développer* » (f° 64) ; « *refaire* » (f° 65) ; « *bon* » (f° 72), en marge de certains paragraphes. Le classement B.N. a mêlé à cet état des pages de copies répétitives sur papier identique, versées in R 114 : f° 67 (R 114 6/8), autre version de f° 68 (« *Tu te connais à reculons* [...] »), et f° 70 (114 3/8), autre version de f° 71 (« *Que ce soit une grande clarté* [...] »).

— Dossier R 114/8. Il formait un petit cahier vert, couverture Le Parisien, « *Fluctuat nec mergitur* » (ff. 49, 59 soit 114 1/8), composé de feuillets de papier quadrillé constituant, avec des ff. versés dans le dossier R 118/8 et R 112/94 une copie incomplète avec des lacunes et des pages répétitives. Quatre pages suivies, numérotées 3, 4, 5, 6 (ff. 45, 46, 47, 48), soit, coupée en 2 paragraphes distincts (112 25/94, 112 48/94 ; 114 7/8) ; coupée en 2, 112 46/94, 118 4/8 ; 118 5/8 ; puis (pages répétitives) ff. 50, 51 soit 114 5/8, 114 2/8 ; (« *La qualité de ce calme* [...] ») ; f° 52, sans cote R, répétitive de f° 70 (114 3/8) qu'elle prolonge (« *Que ce soit une grande clarté* [...] ») ; f° 53 (114 4/8) ; ff. 55, 56, 57,

qui semble avoir formé liasse sous la cote 118 3/8 (ff. 56, 57 répétitifs : « *Ici brille* [...] »), f° 57 (sans cote R), f° 58 (114 1/8) ; f° 67 (114 6/8) « *Tu te connais à reculons* [...] ».
— R 119/4 (4 ff. de titres).
— Quelques feuillets appartenant à d'autres dossiers (R 91/17, R 135/134, R 136/140) et comportant des notes sur « Agathe ».
— Dactylographie autographe sur la machine Oliver, achetée par Valéry en 1909-1910 (sans cote R) : ff. 77 à 88, numérotés de 1 à 12, portant à l'encre noire sur crayon le titre « Le Manuscrit trouvé dans une cervelle », et la mention au crayon « *exemplaire de travail* ». Les ff. 84, 85, 87, sont une frappe originale, les autres des carbones violets. Cette copie qui a servi de base à l'édition date vraisemblablement de 1912 où le fragment est un moment destiné à un volume où il deviendrait la « nuit de Teste ». La dactylographie comporte des fautes de frappe que Valéry ne fait plus par la suite. Des corrections assez nombreuses esquissent l'avenir virtuel du texte dont l'édition n'a fixé qu'un état.
— Copie figurant dans un cahier de brouillon de « *La Pythie* » pris à rebours (antérieur au travail sur « *La Pythie* » et qui portait dans le classement Rousseau la cote 115 ; actuellement ff. 111—118 v° de *Ch*ms I). Elle représente l'état intermédiaire entre l'état publié en fac similé et la dactylographie.

TABLE

TYPOGRAPHIE DE COMPO-SÉLECTION (PARIS)
IMPRIMERIE F. PAILLART (ABBEVILLE)

Dépôt légal : 4ᵉ trimestre 1981   IMPRIMÉ EN FRANCE